福岡とキリスト教

ザビエルから現代までの変遷を追って

坂井信生 ◆ *Sakai Nobuo*

海鳥社

本扉写真

撮影・木下陽一

今村カトリック教会の天井

（福岡県三井郡大刀洗町）

福岡とキリスト教◉目次

フランシスコ・ザビエル

東洋の使徒ザビエル　9　／　日本そしてミヤコへ　13
山口・豊後そしてインドへ　16　／　博多とザビエル　19

博多のキリシタン

バルタザール・ガーゴ　25　／　メルキオール・フィゲイレド　28
博多と豊臣秀吉　29　／　シメアン黒田如水　32
博多の教会　34　／　ダミヤン黒田長政　37
禁教令後のキリシタン　41

日本の開国とキリスト教

ペリーの来航　47　／　宣教師の来日　50
禁教令下の長崎の宣教師　52　／　禁教令の撤廃―伝道開始　55

黎明期の福岡キリスト教

福岡市の誕生　*61*　／　福岡組合教会　*64*
福岡メソジスト教会　*67*　／　聖公会福岡教会　*71*
三教会連合の集会　*74*　／　その他のプロテスタント教会　*78*

成長する福岡キリスト教

大正・昭和前期の福岡　*87*　／　各教派教会の動向　*91*

戦時下の福岡キリスト教

日本基督教団の成立　*107*　／　受難のキリスト教　*111*
反キリスト教運動　*115*

今日の福岡キリスト教

一五〇万都市福岡　119 ／ プロテスタント教会　123
プロテスタント・カトリック共同の試み　137

福岡のキリスト教主義学校

福岡女学院　141 ／ 西南学院　151
上智福岡中学高等学校　161 ／ 福岡雙葉学園　166
福岡海星女子学院　172 ／ 神学校　177

福岡のキリスト教諸団体

福岡キリスト教青年会（ＹＭＣＡ）　189
福岡キリスト教女子青年会（ＹＷＣＡ）　194

福岡基督教信徒会　199
日本国際ギデオン協会福岡支部　200

むすびにかえて　201

参考文献　207
福岡キリスト教年表　211
あとがき　219

フランシスコ・ザビエル

東洋の使徒ザビエル

日本にはじめてキリスト教を伝えた宣教師は、イエズス会士フランシスコ・ザビエルであることは周知のところであろう。しかし、博多の地に足跡を印した最初のキリスト教徒が、実はこのザビエルであることはあまり知られていない。かれの博多来訪は一五五〇（天文十九）年の十月、上洛の途上のことと伝えられている。

のちに「インドと日本の使徒」と呼ばれたザビエルは、一五〇六（永正三）年、北東スペインのナバラ州でザビエル城主の第六子として誕生。長じて聖職者の道を選び、パリ大学で哲学と神学を学んだ。そののち、パリ大学で出会ったイグナチウス・デ・ロヨラ等とともに、一五三四（天文三）年パリ郊外モンマルトルの丘の礼拝堂で、清貧と貞潔のなかで使徒的生活に献身する誓願を立てた。ひろく世に知られることになり、日本にもその会士が伝道することになる「イエズス会」の誕生である。

当時のヨーロッパは、マルティン・ルターやジャン・カルヴァンなどによる宗教改革の嵐が吹き荒れており、新興のプロテスタンティズムが、ドイツ、スイス、北欧諸国に拡大していた。さらに、イギリスにおいても国教会が成立している。こうした状況のなかで、カトリック教会は北イタリアの都市トリエントで公会議を開催、「反宗教改革」と呼ばれるカトリック教会の内部改革が進められた。この公会議では、ヨーロッパで失われたカトリック教会の地盤を海外に求めるという動きを促したのであった。このカトリック勢力回復のために、イエズス会は教会の要請にしたがい、海外への積極的な伝道活動にのり出すのである。

やがて、ザビエルはインドに派遣され、ついでマルッカ諸島で司祭の大役を果し、ゴアへの帰路、マレー半島のマラッカで二人の人物に接触する。この接触こそザビエルが近い将来、日本との関係を大きく発展させる契機となるのである。

そのひとり、ペドロ・ディエスというポルトガル商人は、ザビエルに日本人について初めて語った人物といわれる。日本に関心をもったザビエルはほかの商人からも日本について伝聞したことから、「この島国で知識欲のある日本人にわたしの信仰を広めれば、ほかのどの

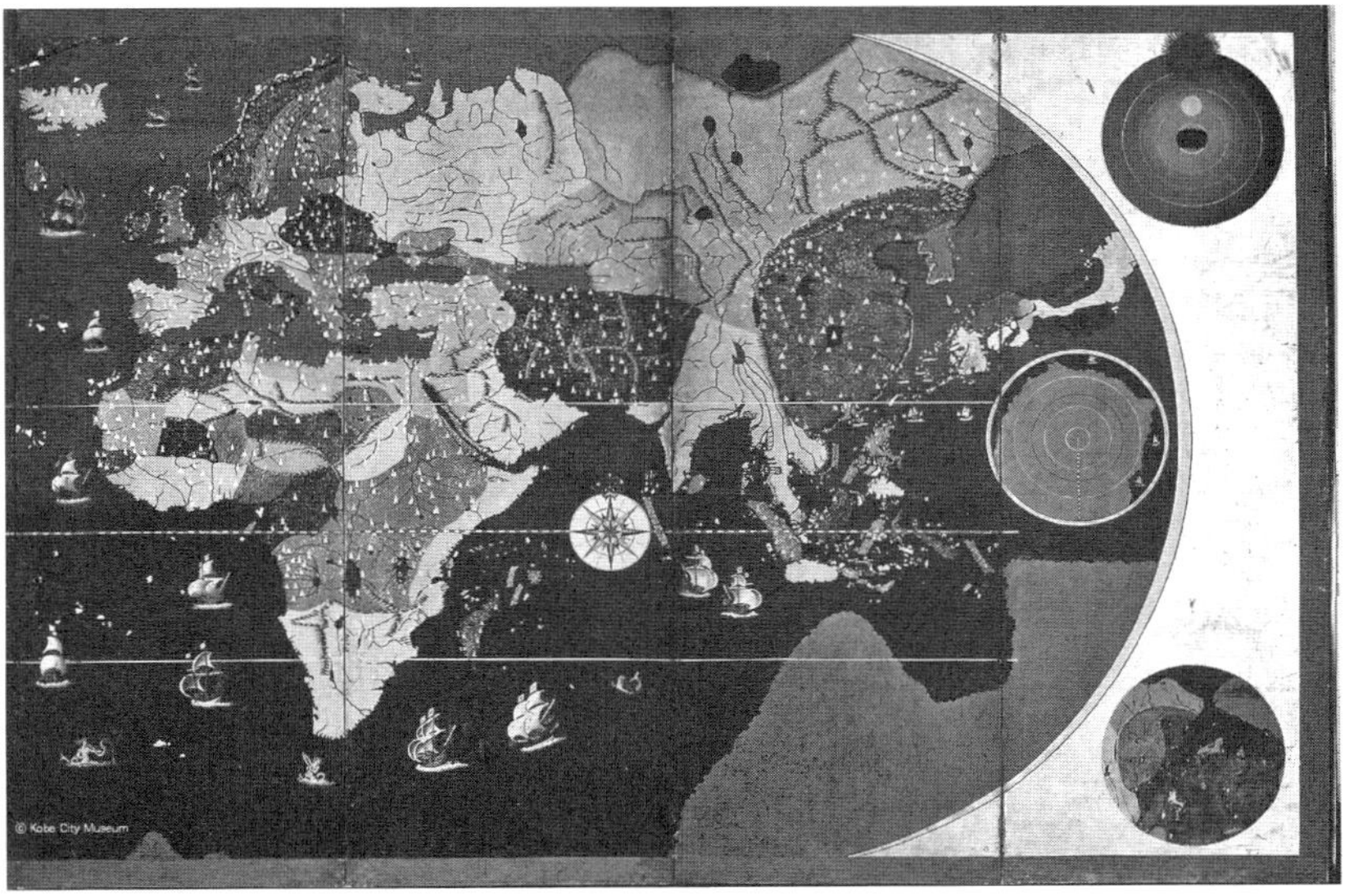

四都図・世界図屛風　世界図（神戸市立博物館蔵）

地域よりもよい成果があがるだろう」と日本伝道の意欲をかき立てられたという。

ちょうどこの頃、ザビエルはひとりの日本人と運命的な出会いを経験する。アンジロウと呼ばれるこの日本人は三十五歳くらいで、ポルトガル語がかなり話せた。薩摩の下級武士であったが、殺人のためにお尋ね者となり、ポルトガル船を頼って逃げ込み、マラッカに同行していたのである。かれは犯した罪と良心の呵責に悩み、船長にありのままを打ち明けて救いを求めたのであった。

船長の紹介により、アンジロウと運命的な出会いをしたザビエルは、かれがきわめて聡明で知識欲が旺盛であったことから、かれのようにすぐれた日本人への伝道意欲をいっそう強く抱くにいたった。ザビエルはアンジロウをゴアに伴い、イエズス会に委託された聖パウロ学院でキリスト教を学ばせ、日本伝道に際して助手に用いようと考えた。アンジロウは一五四八（天文十七）年五月、聖霊降臨の祝日にゴアの大聖堂で洗礼を受けた。霊名は「聖信仰のパウロ」（パウロ・デ・サンタ・フェ）であった。

ザビエルはさらに日本に関する情報を収集し、日本人は知識欲が旺盛で神についての新しい知識を得たいと願っていること、日本がキリスト教の伝道地としてきわめて有望であることを確信する。かれはイグナチウスに書簡を送り日本伝道の実施計画をのべ、一五四九（天文十九）年四月に日本に向い出発の予定であることを知らせている。ザビエルとコスメ・デ・トルレス、助祭フェルナンデスにアンジロウを乗せた軽快帆船（カラベル）は四月十五日ゴアを出帆、コーチンを経てマラッカに到着する。この地で日本滞在中の諸費用から聖堂建設費にいたるまで、周到な準備をしたのである。同年六月二十四日、洗礼者ヨハネの祝日、ザビエル一行を日本に送り届けたいとの好意を申し出た中国人アヴァンの帆船でマラッカを出発し、季節風にのり一路日本を目指したのである。

日本そしてミヤコへ

かくして、この年天文十八（一五四九）年八月十五日聖母被昇天の祝日に、ザビエルはアンジロウの郷里鹿児島へ無事到着、念願の日本の地に第一歩を印したのである。このときザビエル四十三歳、イエズス会の同志がパリ・モンマントルの丘の教会で請願を立てた、まさに十五周年の記念すべき日であった。

当時の薩摩鹿児島は島津家第十五代貴久によって治められていた。貴久はザビエル一行を歓迎し、かれの願いにしたがって伝道を許可し、住居をも寄付するなどの便宜をはかった。もちろん、それは貴久がキリスト教を理解したためではなく、ザビエルたちを鹿児島に滞在させることにより、鹿児島にポルトガル船を入港させ、貿易上の利益を得ようと試みたのであった。

ともかく、鹿児島滞在を許されたザビエルは積極的に伝道に励げんだ。かれはまだ日本語を充分に解さなかったので、アンジロウを教師にトルレス、フェルナンデスとともに日本語を学んだ。アンジロウの助力をえて、日本語の小冊子「信仰箇条の説明書」を作り、毎日仏寺（福昌寺か）で聴衆に読み聞かせた。日本語がかなり上達したフェルナンデスは、アンジロウとともに来訪する者に道を説き、ほどなくアンジロウの身内の者をはじめ、ザビエルが訪問した市来《いちく》の家老などの受洗者が続出し、わずか一年ほどの間に信者数は六百にも達したと伝えられている。

しかしながら、ザビエルたちの活動が貿易ではなく、キリスト教の伝道に終始していることから、藩主の態度も変化を示しはじめる。加えて、仏教側からの反感も多く、キリスト教徒になった者は死罪に処すと藩主が命ずるようにと策謀するにいたった。ちょうどそのとき、ポルトガル船が平戸に入港したことを耳にしたザビエルは、平戸に向かうことになった。

平戸でも、当初は藩主松浦隆信は貿易船の入港に好都合との理由からザビエル一行を歓迎し、ただちに領内での伝道を許可した。鹿児島で編纂したキリスト教の説明書を読み、フェルナンデスが日本語で説教をし、ここ平戸でも短期間に百名をこす受洗者があったという。

ところで、ザビエルの日本伝道の基本構想は、一刻も早くミヤコに上り、国王に拝謁して日本伝道の許可を得ることにあった。併せて、ミヤコの大学を見学する希望をももっていた。そこで、天文十九年十月の終りごろ、ザビエルはトルレスを平戸に残し、フェルナンデスおよび鹿児島で洗礼を授けた日本人ベルナルドを伴って、ミヤコへの旅に出るのである。平戸を発った船はやがて博多に着いた。博多におけるザビエルについてはのちにのべることにして、今少し、ザビエル一行のミヤコへの旅を追うことにしたい。

ミヤコへの途上、一行は大内義隆の城下町周防山口に立ち寄った。ここでもザビエルは毎日、街頭に立って説教を行った。翌二十年一月、ザビエルは寒さの中念願のミヤコに到着した。ミヤコでは旅の途中、紹介された堺の豪商日比屋了珪の知人、小西隆佐宅に宿をとった。小西家ではかれら一行をあたたかく迎えた。この小西隆佐の次男がのちのキリシタン大名アゴスチノ小西行長である。

ミヤコではまず比叡の山に登り、学僧たちと討論を重ね、座主より伝道の許可を得ようと試みたが、そのためには高価な贈物・賂《まいない》が必要であることを示唆され、この計画は断念せざるをえなくなった。

ついで、国王ミカドの拝謁を願って御所を訪れたザビエルは、ここでも大きな驚きと失望を禁じえなかった。国王の宮殿は、ヨーロッパで生まれ育ったザビエルにとり、あまりにも粗末な木造建築であり、ミカドへの拝謁を申し出ると門衛はただちに献上品を要求したという。一説によれば、拝謁のための斡旋料として一万両を要求されたともいう。いずれにせよ、応仁・文明の乱に続く、天文法華の乱でミヤコは荒れ果て、朝廷も幕府も政治力をまったく失っている実情を目前に、日本伝道の許可をミヤコで得ようとしたザビエルの夢は、無惨にも打ちくだかれて達成することなく終ったのである。

山口・豊後そしてインドへ

ミヤコに幻滅を感じ、長年の計画が水泡に帰したザビエルは、ただちに平戸に引き返した。ザビエルの上洛中、平戸で留守をあずかって伝道にあたっていたのはトルレスであった。ザビエルはトルレスの伝道成果に満足し、かれを再び平戸に残したまま、大内義隆の歓迎ぶりから、山口伝道の将来性を期待して山口に出発した。ザビエルはインド総督使節としての衣飾を身につけ、時計、オルゴールなどの贈物を携えて大内義隆に会い、領内での伝道の許可を求めた。義隆は快くザビエルの申し出を受け、領内での伝道と領民への授洗の許可をあたえた上に、大道寺というひろい廃寺の使用をみとめた。

ザビエルは山口での伝道に精力をそそぎ、またたく間にかれの周囲に熱心な信徒の群れが生まれた。二カ月ののちには、すでに五百人の改宗者を数えている。そのなかには、ザビエルに宗教論争を挑み、かれの該博な知識と論理構成に驚いた論敵の仏僧もふくまれていたという。脅威を感じはじめた仏僧たちの抵抗がはげしさを増してきた最中に、豊後大分からザビエルの許に使者が来り、大友義鎮（のちのフランシスコ宗麟）およびこの地に来航したポルトガル船長からの招聘状が渡された。ザビエルは豊後伝道を志し、平戸からトルレスを呼び寄せて山口を託し、山口を後に豊後に向った。

このザビエルの山口滞在を記念して、大正十五（一九二六）年山口に、「フランシスコ・サビエル記念碑」が建てられた。さらに、第二次大戦後の昭和二十六（一九五一）年には、ザビエル山口滞在四百周年を記念して、山口市亀山町の丘に双塔をもつ「サビエル記念聖堂」を建て、翌年盛大な献堂式を挙げた。山口の観光名所のひとつにも数えられていたこの記念聖堂は、平成三（一九九一）年に無惨にも焼失。山口のカトリック信徒はもとより、全国から多くの人々の支援をえて、平成十（一九九八）年に新聖堂が竣工、献堂のミサが挙行されたことは記憶に新しい。

聖フランシスコ・ザビエル像
（神戸市立博物館蔵）

さて、豊後日出の港に着くや、ザビエルはポルトガル船をみて大いに喜び、また同船も祝砲を打ってかれを歓迎した。領主大友義鎮もかれの到着の知らせを受け、ただちに館へと招いた。かれは早速ザビエルに住居を提供し、領内での伝道を許可するなどの便宜をはかった。

ザビエルはしばらく豊後に留まり、ポルトガル船が出航したのち、山口に帰って伝道に従事する予定であった。こうしたなかで、かれは山口における陶晴賢《すえはるかた》の反乱のために、長門大寧寺での大内義隆自刃の報に接し、山口の教会の行末に不安をもったが、幸いなことに、大友義鎮の好意で山口の伝道が継続されることとなって安堵したのである。

ザビエルはこのあたりで一度インドに帰って、日本に派遣する宣教師の人選や、日本伝道に必要とされるものを準備したいと考え、十一月中旬ポルトガル船で日本を離れた。ザビエルの日本滞在は、二年三カ月余りの比較的短い期間であったが、その間、実に三千人の日本人に洗礼を授けたと伝えられている。

日本を離れたザビエルは翌年一月ゴアに到着する。しばらくは日本における伝道活動の再編成や、イエズス会本部などとの通信に時を費やし、同時に中国伝道の準備をも行っている。日本人は古くより中国から宗教をはじめ多くの文化を学び吸収している。したがって、日本伝道成功の鍵は中国のキリスト教化以外にない。この理由からかれは中国伝道を志したのであった。

かくして、ザビエルはこの年の八月中国へ出発、広東に近い上川島ではげしい熱病に冒される身となり、宿願の日本の地を再度踏むことなく、波乱に富んだ一生を終えたのである。

享年四十七であった。

ザビエルの遺体は当初上川島の丘に葬られたが、のちにマラッカを経てゴアに送られ、追悼のミサが盛大に行われた。ザビエルは元和五（一六一九）年に教皇パウロ五世によって「福者」に、ついで元和八年にグレゴリオ五世によって「聖人」に列せられている。明治三十七（一九〇四）年には時の教皇ピオ十世は、ザビエルを「世界布教保護聖人」とし、初代キリスト教会以来最大の伝道活動を展開した聖人として仰がれ、多くの人々の崇敬の念を集めている。

博多とザビエル

話を博多にもどすことにしよう。

天文十九年十月、ミヤコに上るために平戸を発ったザビエル一行は、筑前の国で第一の町博多に立ち寄った。博多におけるザビエルに関しては、イエズス会士ルイス・フロイスの『日本史』の記述があるのみである。フロイスはこのときザビエルと同行しているわけではない。しかし、フロイスはゴアでザビエルに会っており、永禄六（一五六三）年に来日、長く日本伝道に携った。文筆能力抜群であったかれは、イエズス会総長から、初期日本教会史である『日本史』執筆を命じられたのである。

ザビエルと共に来日し、ザビエルが日本を離れたのちも二十年にわたり、日本の教会を指導したトルレスから、フロイスはザビエルの事蹟をつぶさに聞いて、記述したことであろう。フロイスは慶長二（一五九七）年、長崎で死去する直前まで、『日本史』の執筆に専念したと伝えられている。

フロイスによる、博多でのザビエルに関する記事はつぎの通りである。いささか長文ではあるが、そのまま引用することにしよう。

筑前の国にあって町内全部商人が住み、上品で、人口の多い博多の町に来た時、ぱあでれは禅宗の僧侶たちがいる非常に大きな僧房へ行った。ここの僧侶たちは現世以外には何物もないと信じており、万事悪を行う相手としている稚児を公然とおいていて、彼等の間では、何の恥ずるところもなく、自然に反するあのいやらしい罪が盛んに行われていた。僧侶たちはぱあでれに会い、彼と語り合うことを喜んだ。それはぱあでれが天竺、すなわち僧侶たちのいうところによると、彼等が拝んでいる偽りの神々がそこから来たというシャムの国々から来た人だと思ったからであった。彼等はキリスト教でいえば司教のような位にあたる彼等の僧正のところへぱあでれを案内した。僧正は喜んでぱあでれを迎え、果物をふるまってもてなした。
ところが、ぱあでれは、僧正やほかの僧侶たちが何の恥ずるところもなくあのような穢らわしい恥ずべき罪を行っていること、また、彼等がひそかに来世には何もないことをほのめかしながら、同時に外に向かっては、全くの利欲から死者のためにの法要を営むように民衆に勧めていることを、大声をはりあげて痛烈に譴責《けんせき》し始めた。僧侶たちはこの思いがけない説法と、今まで姿を見せたこともなかった見ず知らずの人でありながら、譴責する時の勢いとに一驚を喫したが、ある者は笑い、ある者は呆然として言葉も出なかった。すると、ぱあでれはそれ以上一言の挨拶も言わずに、彼らを残して出て行ってしまった。

（ルイス・フロイス著、柳谷武夫訳『日本史』第一部第三章、平凡社）

右のフロイスの文にもみられるように、当時の博多は大坂の堺とならぶ対中国貿易の拠点都市であり、豪商神屋一族を典型とする豊かな商人の町であった。戸数はおよそ一万軒、人口は四、五万と推定されている。このとき、ザビエルは鹿児島、平戸あるいは山口で行ったように、博多にしばらく滞在して、伝道を試みたとの記録はない。おそらく、ミヤコへの旅を急ぎ、これからの長旅に備えて博多では数日の休息の日々を過ごしたのであろう。また、かれら一行を歓待してくれた商家も、博多ではなかったのではなかろうか。

とはいえ、なぜかザビエルは「禅宗の非常に大きい僧房」を訪ねたという。ザビエルが宿で、あるいは町角で出会った町人から、この禅寺における「自然に反するあのいやらしい罪」のことを耳にして訪ねたのかもしれない。この折のザビエルの強硬姿勢の印象があまりにも強烈であったために、同行したフェルナンデスと日本人ベルナルドが、のちにこの博多での出来事を忠実にフロイスに語ったとも考えることができよう。

ザビエルが訪れたというこの禅寺は、柳谷武夫氏によれば、現在福岡市博多区御供所町にあり、日本に初めて禅宗を伝えた、栄西《えいさい》禅師を開祖とする「聖福寺」のことではないか、と推定されている。

ザビエルがこの禅寺で譴責したことの第一の点は、僧侶たちが「多数の稚児を公然とおいていて」「何の恥ずるところもなく、自然に反するあのいやらしい罪」、つまり男色を犯していることに対してであった。第二の点は、「まったくの利欲から死者のために法要を営む」ように、民衆に強要していることに関してである。

当初、寺側は貧相な身なりとはいえ、はるばる天竺からやって来たらしい珍客を「司教に相当する僧正」のもとに案内し、果物を供するなど歓迎の意を表したのである。ところが、予想に反してザビエルが大声をあげて禅寺の悪習と欺瞞性を追及し、譴責するその語気の鋭さに圧倒されて驚いたという。

「ある者は笑いある者は呆然として言葉を失った」というのである。そして、ザビエルは挨拶もなしに寺を後にした。この僧侶たちの宗教者としてあるまじき行為に対して、同じ宗教者であるザビエルは、怒り心頭に発したのであろう。

前にもふれたところであるが、ザビエルの博多への来訪は、記録に残っている限り、この一回のみである。ミヤコから平戸へ、平戸から山口への途上で、「豊かな商人の町」博多に立ち寄って伝道する機会があったであろう、と思われるにもかかわらず、どうやら素通りしてしまっている。それはなぜなのか。博多の町に、とくに魅力を感じなかったからなのか。前回の博多での印象が、あまりにも悪かったからなのか。それとも堺の日比屋家のように、かれを歓迎してくれる商家が博多では現れなかったからなのか。博多の町はザビエルに嫌われたのか。ともかく、ザビエルが何故に、博多の町を再訪しても伝道することなく、素通りしてしまったのか、依然謎のままである。

話は大きく現代へと飛躍することになるが、昭和二十四(一九四九)年は、ザビエルによって日本にキリスト教が伝えられて四百周年にあたる。そのことから、全国のザビエルゆかりの各地で種々の記念行事が行われた。福岡においても、同年六月に平和台陸上競技場に特設の祭壇を設け、ローマ教皇特使による記念のミサが盛大に行われた。この折には、ザビエルの聖腕と日本に伝道した際につねに所持していたといわれる十字架が奉持された。この平和台での記念行事、ミサをご記憶の方も多いことだろう。

博多のキリシタン

バルタザール・ガーゴ

天文十九（一五五〇）年、ザビエルが上洛の途上博多に立ち寄ったとはいえ、ほとんど伝道らしいことはしていないといってよい。博多でキリスト教の伝道がなされたのは、ザビエルの博多来訪から六年後の弘治二（一五五六）年頃と推定される。平戸にいたバルタザール・ガーゴが博多で伝道し、幾人かを信徒にしたと伝えられているからである。

このころ、博多の町では大友氏が商館を営み、やがて大友義鎮（のちの宗麟）が筑前守護となるに及んで、事実上大友氏の勢力圏内となっていた。ザビエルが滞在し伝道した平戸と豊後府内には、その成果として教会布教所が存した。宣教師たちはこの両地を往復することがしばしばあり、博多はちょうどその中間点であった。そのために、ザビエルの後任の日本布教長のトルレスは、博多にイエズス会の教会と住院（レジデンシア）を設ける必要性を痛感し、義鎮にそれを懇願したところ、教会用地があたえられることになった。

「王（大友義鎮）は当地（豊後府内）より五日路のところにある商業の盛んな博多の町においてひとつの地所をお与えになった。パードレ・バルタザール・ガーゴは数回この地を通過して数人を改宗させていたが、同地に赴任してデウスの教えを説くことになった」とトルレスは報告している。かくして、平戸に滞在していたガーゴが博多に転じ、本格的な伝道に着手するのである。永禄元（一五五八）年のことである。

この大友義鎮があたえたという博多の教会の場所については二説ある。そのひとつは今日の明治通り、博多区の呉服町から千代町の間であろうという説と、今ひとつは中洲大橋付近の昭和通りに面したあたりとの説である。いずれも確固とした根拠があっての話でなく、今日いまだにそれがどこであるか確定しているわけではない。

順調にすべり出した博多の教会は、一年ほど経過したのち、重大な危機に直面することになる。永禄二年、大友氏に敵対する中国の毛利元就の援助を得た筑紫《ちくし》惟門《これかど》が、二千の兵を率いて博多の町を急襲、破壊し火を放ったのである。前日に復活祭を祝ったという教会と住院は破壊された。フェルナンデスと少年たちの手で聖具の一部は船に運ばれ、かれらを乗せて平戸に出航した。ガーゴは一旦沖の船に逃れたが捕えられ、持ち物に着る物すべてを奪われた。しかし、あるキリシタン家族に助けられ、数カ月の間かくまわれた。フロイスによればガーゴたちの姿が「あまり人目につかないように、彼等に女の着物を着せ、染分けの合羽をそのうえに纏わせ、編笠を被せ、極秘の中に用意周到に家から連れ出して」（『日本史』）豊後に逃したとのこと。ガーゴはその後健康を害して豊後からインドに戻ったという。ガーゴの名は、滞在期間は短かかったとはいえ、博多の教会の最初の定住宣教師として長く記憶さるべきであろう。

大友軍はほどなく惟門の軍を破り、義鎮が九州探題に任ぜられると、博多の町も正常な状態にもどり、復興が急がれた。人手不足のために宣教師の博多定住は不可能であり、時折、平戸と豊後を往復する宣教師が訪れるのみであった。しかし、教会は破壊されたとはいえ、信徒は信仰を守り通していた。平戸出身の裕福なキリシタン商人ゴメスは、自費で教会を建て、宣教師の生活を保証する準備までしていたと伝えられている。貿易商人として来日、イエズス会の活動に感銘をうけて入会、九州の各地に大きな伝道の足跡を残したルイス・アルメイダが、布教長トルレスの命で平戸に行く途中、博多に足を留めたのもこのころである。

メルキオール・フィゲイレド

ガーゴの博多脱出後、博多には筑前生まれの若き伝道士ダミアンが派遣されていた。かれは精力的に活動し、二カ月にして百人をこす人が改宗したという。宣教師不在の博多に任命されたのは、大村で伝道していたゴア生れのメルキオール・フィゲイレドであり、天正三(一五七五)年博多に着任した。かれはゴメスが自費で建てた教会に住んで説教をはじめ、四百人以上の改宗者に洗礼を授けた。ついで、天正七年から九年まで、スペインの貴族出身で、のちに有馬のセミナリヨの初代院長となるメルキオール・モーラが赴任した。この六年間、博多では比較的順調な伝道が行われ、博多およびその周辺の信徒数は二千人にも達したと伝えられている。

とはいえ、フィゲイレドの博多伝道が万事好調のうちに展開されたわけではなく、いくつかのトラブルの存したことをフロイスは報告している。そのなかでも、博多ならではと思われる一件を紹介することにしよう。

フィゲイレドが着任して二年後というから天正五年のことである。この博多の町で「祇園」という彼等の偶像に敬意を表して、毎年公然と行う祭や盛大な行事に使う用材やその他の道具を、我等の教会や司祭館に保管してもらおう」という考えが生まれた。今日も盛大に行われている博多山笠の山台《やまだい》や舁《か》き棒などの保管場所として教会を考えたのであろう。町の人たちは「この物品は昔から以前そこに建っていた神社に保管していたのだから、自分たちは預ってもらう権利がある」と理由をのべて、しつこく要求した。これに対してフィゲイレドは、「我々の教会はもう異教の社ではなく、豊後の王がイエズス会にその土地を与えた時、イエズス会はそのような義務は引き受けてはいない」と、この要求を拒絶している。

このやりとりの一カ月後、フィゲイレドの固い決心に怒った一群が「かの悪魔の道具を背負って大声で叫びながら」教会にやって来た。「刀の柄を握り、教会との決裂や殴り合いも辞さないような多数の人々」が教会に乱入しようとした。今でいう「赤手拭《あかてのごい》」クラスの血気盛んな若者衆であろう。祭壇の前で神に祈っていたフィゲイレドに、その要求に応ずるように刀を振り回した。ちょうどその時、老人の組が教会に入って来て、「我々に任せろ」と大声で叫び、若者衆を連れて帰ったので、この騒ぎは一応収まったということである。

博多と豊臣秀吉

ところで、博多の町は再び戦乱の渦に巻きこまれることになる。大友義鎮はザビエルを豊後に招き、そののちもイエズス会士と親しく交り、豊後そして博多のキリシタンを好遇したことは前にのべた。そして、かれ自身は天正六（一五七八）年豊後臼杵の教会でフランシスコ・カブラルから洗礼を受け、フランシスコの霊名を授けられる。ついで、キリスト教の理想郷を建設することを夢みて日向に赴き、耳川の戦いで島津軍に大敗を喫したのである。

この敗戦によって、北部九州の諸豪族が相次いで大友氏に背き、覇権奪取を目論む肥前の龍造寺隆信と通じたために、大友勢は筑前を放逐されるという結果を生むのである。さらに、島津軍が北上し、北部九州の支配を意図するが、豊臣秀吉が大友氏や博多の豪商嶋井宗室、神屋宗湛らの援助要請をうけ、九州に下ることを明らかにする。このため島津勢は博多を撤退するが、撤退に当って町を焼き払ったので、教会も破壊され、多数のキリシタンは平戸と豊後に逃れなければならなかった。

秀吉の九州制圧は、大友氏との和睦を拒む島津氏に対する戦いではあったが、かれの胸中に深く存したのは、朝鮮出兵の野望であり、その前進基地としての北部九州制圧の必要性であった。事実、天正二十年肥前名護屋から朝鮮出兵を敢行することになる。

ところで、天正十五年九州制圧を終えた秀吉は、早速、度重なる戦禍で荒廃に帰した博多の町再建のために、いわゆる「太閤町割り」を実施し、博多の町は面目を一新したのである。この博多の町再興に大きく貢献した秀吉を讃えて、博多の人々は神屋宗湛屋敷内に「豊国神社」を建立、秀吉に崇敬の念を表している。
ついで、秀吉は筑前筥崎で天正十五年、突如として「日本は神国たる処」にはじまる、「伴天連追放令」を発するのである。その前年には、大坂城で秀吉から盛大な歓迎を受けた、イエズス会初代管区長ガスパル・コエリョが筥崎で再会、かれが長崎から乗船してきた快速船フスタに、秀吉は乗り遊覧したりもしている。「追放令」発布の当日も秀吉はコエリョを訪れ、数時間の談笑をして帰館したほどであったという。

このように、コエリョにかなりの信頼ないし好意を寄せていたと思われる秀吉が、何故に突然の「追放令」を出したのか。第一に織田信長が本願寺との抗争に長年苦慮した事実から、天下の支配者としての秀吉が、一向宗にもまして天下に累を及ぼす可能性のある、キリシタン王国の成立を危惧したこと。第二に朝鮮出兵に際して、ポルトガル大型船ナウの入手と用達とを要請したのに対し、宣教師サイドの対応が否定的であったこと。このような理由が考えられている。さらには、秀吉が夜伽に求めた美女がキリシタンで、信仰のゆえに秀吉の要求を拒否したからだ、という巷の俗説も伝えられている。「英雄色を好む」という秀吉らしい話である。

シメアン黒田如水

慶長三（一五九八）年、豊臣秀吉が没し、徳川家康が江戸に幕府を開き江戸時代に入ると、博多のキリシタンは大きな転機をむかえる。短期間にすぎなかったとはいえ、ある種の隆盛期を経験することになる。その中心人物こそシメアン黒田如水（孝高）その人である。

黒田如水は若き日には官兵衛といい、秀吉の軍事参謀としてその智策はつとに知られていた。また、その築城技術は当代一と評され、大坂城築城に際してのかれの功績は抜群であったという。このとき、在坂中のキリシタン大名ジュスト高山右近の感化により、天正十三年キリスト教に帰依し、洗礼を受け霊名シメアンを授けられた。

慶長五年の関が原の役で東軍に組し、九州における徳川党の中心として大きな論功をあげた。この論功に対して家康は、孝高の長子ダミヤン黒田長政に、筑前一国五十二万石をあたえたのである。黒田藩では孝高を始祖、長政を藩祖とし、ここに黒田家による筑前支配の福岡藩の成立をみた。この黒田家の筑前入りは、博多およびその周辺のキリシタンのみならず、宣教師にとってもこの上ない朗報であった。

黒田家の筑前入りの翌年、ペドロ・ラモンが早速長崎から博多に来て、散在していたキリシタンの実情を視察した。博多の町に宣教師が訪れたのは十数年振りのことであった。ラモンの博多滞在は短期間であったが、黒田家が入った名島城だけで、三日の間に約三百人の告解を聴き、一五〇人に洗礼を授けたという。本格的な博多伝道の再開は、ラモンが戻ってきた慶長六年も末のことである。

黒田如水肖像画（崇福寺蔵）

ラモンの後任で、博多の教会の司祭を務めたガブリエル・マトスは、のちに「回想録」の「一六〇一年の条」でつぎのように記している。「この年に博多において、再びレシデンシアが始まった。その町のキリシタンたちの依頼と、キリシタンであった父如水と、如水の弟で彼（黒田甲斐守長政）の叔父にあたる黒田惣右衛門殿（直之）に対する愛情とで、甲斐守の許可の上で、ペドロ・ラモンがそこへ行った。そこでは、彼は浜の近く、かなり不便な狭い地所をあたえられた」（ユベルト・チースリク「マトス神父の回想録」〈キリシタン文化研究会編「キリシタン研究」第24輯、教文館〉と。

　福岡藩主黒田長政は、父シメアン如水の勧めでキリシタンに帰依し、ダミヤンの霊名を授けられていた。しかし、長政は徳川家康がキリシタンに対して、必ずしも好意的でないことを知って、むしろ慎重な姿勢をとっていた。他方、かれは父如水と叔父直之の度重なる要請に応えざるを得ず、「不便な狭い所」をあたえたとも推定される。家康は当時、京都、大坂、長崎の三教会のみを認めていたので、博多のレシデンシアは外見上一般の民家風にし、異国南蛮風といった外観の建物にはしなかったという。

博多の教会

　ほどなく、ひとりの裕福なキリシタンが、大きな屋敷を購入し、それを教会の地所に移築した。別の信徒二人はさらに建物を寄進した。シメアン如水はすでに隠居の身であったが、宣教師に多くの扶持米をあたえるなどの好意を寄せた。レシデンシアの隣に鉄製の鍋を作る鋳場があり、毎日鉄を打つ音がうるさいことから、宣教師の願いを受けた如水は、金子《きんす》をあたえてこの鋳物屋を転居させている。そして、この地所に自らの名義の建物を建てた。隠居の身分の如水の名義であれば、押収される心配はないとの配慮からであった。

かくして、博多の教会は立派な祭壇やミサ礼拝に必要なものすべてを完備した、富める博多の町にふさわしい聖堂が完成したのである。キリシタンたちはこれを大いに喜び、また誇りに思い、町の人々はますますその感化を受けた。マトスの一六〇三（慶長八）年の報告によれば、長政に対する遠慮から町民に向っての伝道の機会は、あまり多くなかったにもかかわらず、「洗礼を受けた人は約四百人で、古い信者もまた適確に教理研究や神父の援助で信仰の歩みを続けた」（「マトス神父の回想録」）という。

イエズス会士の報告は、「博多の教会において降誕祭（クリスマス）、復活祭（イースター）、聖体の主日などは、遠方からもキリシタンが集り、告解および聖体の二つの秘跡によって、かれらの心は霊的なよろこびにみたされ、異教徒も教会の美しさと、これに参加する信徒の敬虔さと信心をみて、大いに感化を受けた」と伝えている。

とくに、キリストが十字架上で死に、甦ったとされる復活祭前の四日間、キリストの苦難を偲ぶ「聖週間」には、信徒たちの特別の信心がみられた。金曜日にはキリストの受難について宣教師が説教をし、その後全員が自らの身体を鞭打つ苦行（ジシプリナ）を行っている。

この博多の教会には信徒の子弟のために、一種の小学校を開設したことが伝えられている。このころまでに学校らしきものがなかったので、キリシタンの子弟は「霊魂の損害」を受けながらも、「寺小屋」（エコール・ド・ボンズ）を通して読み書きの学習を余儀なくされていた。そこで、マトスはその住院で漢字のみでなく、祈禱や行儀作法にいたるまで子どもたちに教えるように、ひとりのキリシタンをそのために務めさせたという。

博多の教会および住院には、イエズス会宣教師をはじめ修道士など数名が定住し、博多のみでなく秋月、久留米、柳川といった周辺の各地にも出張伝道を試みている。博多の教会は筑前、筑後さらには豊前といった隣接する国々からも信徒が集い、さながら「中央基地」の観を呈するにいたったと、レオン・パジェスは述べている（吉田小五郎訳『日本切支丹宗門史』岩波書店）。

ところで、ミサ礼拝に必要なものすべてを完備し、富める町にふさわしい博多の教会の場所は、今日にいたるも特定されているわけではない。とはいえ、その教会の場所について、ひとつのヒントをあたえる記録が、残されているので紹介しておこう。

福岡市中央区天神の、日本銀行福岡支店東側に、「勝立寺」という日蓮宗の寺院がある。正式の寺名は「正法興隆山問答勝立寺」であり、「石城問答」と称される基仏論争の結果、「勝ちて立てたる寺」と伝えられている。貝原益軒は『筑前国続風土記』（文献出版）でつぎのようにのべている。勝立寺は「福岡の東の外郭、博多口の門内にあり、此寺の開山を唯心院日忠といふ。慶長八年四月廿五日、博多妙典寺において、日忠と耶蘇の僧ゐるまんと、宗旨の優劣を論じ、問答に及び、日忠のあらそい勝てる故、長政公感じたまひ、耶蘇が居りし寺地を給はり、此所梵刹を建てさせ、宗論勝て立てたる寺なればとて、勝立寺と号を給りける」と。

すなわち、博多蓮池町法華宗妙典寺で、イルマン旧沢安都（石田アントニオ）と唯心院日忠との宗論で、日忠がイルマンを論破し、それを長政が賞でて、教会があった場所に寺を建立させ、「勝立寺」との寺号をあたえたというのである。この「石城問答」については異論がいくつか存在するのも事実ではある。しかしながら、ともかく、このことから、博多のキリシタン教会の所在地候補のひとつの可能性として、今日、勝立寺のある場所を推定することもできよう。

ダミヤン黒田長政

博多のキリシタンを保護し、多大の援助を惜しまなかったシメアン黒田如水が、慶長四（一六〇四）年京都伏見の黒田邸で死去した。かれの死は博多の教会はいうにおよばず、日本のキリシタン全体にとっても大きな痛手であった。遺体は新しく建てられる予定の博多の教会に葬るように、との遺言にしたがい博多に移されたが、マトスによれば、一時「博多の郊外にあるキリシタン墓地の隣接している松原のやや高い所」（ユベルト・チースリク「慶長年間における博多のキリシタン」〈キリシタン文化研究会編「キリシタン研究」第19輯、教文館〉）に葬られた。長子で藩主の長政の意向で、葬儀は荘厳かつ盛大に執り行われた。この葬儀を司どったのは、正式の祭服を身にまとったマトスとラモンの両神父であった。

この葬儀は仏僧をはじめ多くの参列者に深い感銘をあたえたが、とくに、長政は父如水に示された宣教師たちの畏敬の念に感動したという。幕府のキリシタン対策の動向を気にして、それまでレシデンシアを一度も訪ねたことのなかった長政が、宣教師に謝意を表するために丁重な態度でかれらを訪問している。翌日には葬儀の費用を貧しい人々に対する施物として、そして新しい教会建設のためにと、米五百石、一千俵を贈っている。如水は遺言で教会建築資金を贈ることを指示しており、長政自身も寄付と建築許可をあたえている。もっとも、幕府に対しても、また地元の仏教側に対しても、新しい教会はキリシタンのためではなく、亡き父如水の追悼記念聖堂である、との弁解があったとも伝えられている。

博多の新しい教会の建設は、如水死去の年からはじまり、慶長十一年に竣工した。この年四月二十八日に献堂式が、そして翌日にはシメアン如水の追悼記念のミサが執行された。ちょうど、如水の三回忌に当っていたからである。このミサにはイエズス会準管区長フランシスコ・パシオも列席した。「準管区長は数多くの神父や修道士、セミナリヨの生徒たちを連れて、なお、種々の楽器、またこのような盛大な儀式のために必要な祭服や祭具の一切」

を携えて、「この華麗なる新教会での如水の追悼ミサに出席した」と報告されている。

　こうしたキリシタンに対する、ダミヤン長政の好意的な姿勢のゆえに、博多の教会はいっそうの隆盛をきわめることになるのである。慶長九年には「博多の町をはじめ秋月および筑後の国において、洗礼を受けた成人は六八三名であって、その中には貴族や武士も何人かふくまれている」と。また、その翌年には「この町（博多）と近辺には、四、五千のキリシタンがいる。甲斐守の城下であるので、商人や庶民のほか、多くの武士も洗礼を受けた」との報告もある。

黒田長政肖像画（福岡市立博物館蔵）

　華麗な新しい博多の教会が竣工し、如水の追悼ミサが盛大にあげられ、そのために準管区長が来博した慶長十一年には、「わが会（イエズス会）の者三名、すなわち神父（マトス）、修道士二名が定住していた。今これにもう一人（フランシスコ・ルイス）が加わり、そこのキリシタン団の世話および教会内の、仕事を手伝っている。去る一年の間、教理の説教を聴いてそれをよく理解した上、異教を捨ててキリシタンに改宗した人は一〇二六名であった。それは大いに新しい教会の建築とその献堂式の荘厳な祭典のおかげであった」という。さらには「甲斐守が我らのことや我が会士たちに表している好意は大いに役立っていた。彼は幾度も我らの住院を訪れ、大変親切にまた好意をもって我らと交わっていた」ともいう。

こうしたイエズス会士の報告に記されているように、如水なきあとのおよそ十年間、博多の教会は、ダミヤン甲斐守長政の好意的態度と、宣教師たちの積極的な伝道活動により、大きな繁栄ぶりを示している。慶長年間に博多で授けられた成人洗礼は五千人を数えたということであるし、博多と秋月などその管轄区域に居住するキリシタンはおよそ七千名とも推定されている。

つい最近のこと、平成十一年、福岡市博多区奈良屋町の旧奈良屋小学校跡地から、キリストと聖母マリアの胸像が彫られた、一個の銅製メダイ（長さ三センチ、最大幅二センチの楕円形）が出土した。十六世紀末から十七世紀初頭にヨーロッパで製作されたと推定されている。一個の銅製メダイ、おそらく宣教師がキリシタン信徒に贈ったものだろう。右に述べたような当時のキリシタンの数からすれば、今後さらに、この博多の地で、メダイをはじめほかのキリシタン遺物の発掘、出土が期待されるところである。

禁教令後のキリシタン

しかしながら、この博多のキリシタンの繁栄も、ほどなく終焉の日を迎えなければならないことを予知させる、暗雲が漂いはじめるのである。慶長十七年、徳川家康が、「伴天連門徒御禁制なり。もし、違背の族あらば、忽ち其の科を遁るべからず」と、キリシタン禁制を命ずる高札を発するにおよび、キリシタンたちが前々からおそれていた危惧は、いよいよ現実のものとなった。日本は神国、仏国であるにもかかわらず、キリシタンは神仏信仰を拒み、寺社仏閣を破壊する侵略的革命的宗門であるとの理解からである。もちろん、徳川帝国のなかにキリシタン帝国が成立することは、決して許されざる事態であることは言をまたない。

この年のイエズス会士報告によれば、当初黒田長政は、幕府が教会やレシデンシアの破壊を命じたとしても、守り通すという意志を表明し、宣教師たちを招いて宴を開き、かれらに変らぬ敬意を表明している。他方では、幕府に対する恭順の姿勢として、家臣には棄教を求めている。しかし、それは彼自身の本心ではなく、「信仰を棄てたくない人に対しては強制もせず、罰もあたえない。まして職人や商人あるいは農民に対しては何もしない」と明言したという。

ところが、この年長政は江戸に滞在することになるが、それは長男万徳（のちの二代藩主忠之）の、将軍の手による元服が目的であったといわれる。つまり黒田家の跡目相続、そして存続にも関わる大きな意味をもった江戸滞在であった。そして、この折にある幕府の重臣が、キリシタン大名として知られている黒田家の当主長政に対して、「もし教会を破壊し、神父たちを領内から追放しなければ罰せられる」とかれを威嚇したのである。

これに対して、長政は父如水に、あるいは宣教師には篤い思いが、一方では強くあったとしても、他方、黒田家の将来の安泰を考慮すれば、幕府の強力な圧力に抵抗するより、それに服従し、キリシタン禁制の方策に従わざるをえなかったのである。ダミヤンの霊名をもつ長政の胸中にある、幕府の命令とキリシタン信仰との間の大きなジレンマは、察するに余りあるというべきであろう。

福岡に帰ったのち、長政は宣教師たちに苦渋のなかにも、事の次第を丁寧に告げ、修道士や同宿たちとともに長崎に退去するように指示を下した。同時に、キリシタンたちの司牧のために、自由に博多を訪れることは何ら差支えないとも語ったという。

もちろん、豊かな博多の町にふさわしい美しい教会、レシデンシアもともに、キリシタンたちの悲しみにもかかわらず、取り壊されてしまった。報告は「殿の命令により、あの美麗な聖堂と、その他の建物が取り壊されるのを見て、信徒たちの悲しみはたとえようもなかった」(「慶長年間における博多のキリシタン」)とのべ、その折に不思議な出来事が生じたことを、次のように記している。

「教会を取り壊す前に、中央入口の上、イエズスの大きな浮彫りのあった辺りに、素晴らしく輝く光が現れ、それを多くのキリシタンおよび異教徒がみた。そのうしろに三条の光線がみえ、太陽のようにまぶしく、この不思議をみるために多くの人が群集した」と。また、聖堂を取り壊した大工たちがデウスを冒涜する言葉を吐いたとたん、「幾つもの大きな材木がかれらのいる所へ崩れ落ち、二名が即死し、六名は重傷を負い、あとで死亡した。かれらはそれを天罰だと思った」とも記されている。こうした不思議な出来事のゆえに、博多の教会の聖具はもとより用材の一本、一枚にいたるまですべてを長崎に運ばせ、長政自身も教会にかかわる何ひとつも、博多に保存しようとはしなかったということである。

巡察師アレキサンドロ・ヴァリニャーノに引率された四人の天正遣欧少年使節については、よく知られているところであろう。ヨーロッパ各地をおよそ十年近くかけて歴訪したこの使節のひとり、中浦ジュリアン神父が博多の地に赴任したのもこのころのことである。ヨーロッパから帰国したかれは天草河内浦のイエズス会修練院およびコレジョで学び、さらにマカオの神学校で哲学と神学を修め、慶長九年、帰国し博多に赴任した。その後、京都や有馬に移り、慶長十三年司祭に叙階、再び博多に赴任して、説教や聴聞などの司牧に活躍したのである。慶長十八年博多の教会とレシデンシアが破壊されたため、ほかの神父、司祭および修道士たちとともにジュリアンは長崎に引き揚げている。

その後ジュリアンは約二十年の間、ひそかに各地のキリシタンを訪ねて司牧活動を続け、寛永元（一六二四）年には筑前にも足を運び、博多、秋月、小倉の信徒を訪ねている。寛永九年、かれは小倉で捕縛されて長崎に送られ、翌年十月穴吊りの刑により殉教の死をとげている。

慶長十九（一六一四）年、徳川幕府はキリシタン禁制をいっそう強化し、日本各地に伝道していた宣教師は長崎に集められた。キリシタン信徒の間でひろく尊敬されていた、ジュスト高山右近をはじめとする一四八名のキリシタンは、宣教師とともにマニラに追放された。それまでの一年余、教会は取り壊されたとはいえ、博多のキリシタンは幾分か平穏さを保っていた。しかしながら、全国的にキリシタン禁制が公にされたのちは、いよいよ恐れていた弾圧が福岡の地でも開始されることになるのである。

マトスによれば、幕府の命にしたがって、長政は奉行宮崎織部に命じて、まず武家町福岡のキリシタンを橋口町の智福寺（一説には勝立寺）に集合させ、百名のキリシタンが「背教者並《ならび》に棄教誓約者控」なる書類に署名を強制された。なかには無理矢理力づくで筆を握らせて、名を書かされた者もいたという。

このとき、公然とキリシタン信仰を表明して、署名を拒否した者が二人いた。トマス渡辺庄左衛門という武士と、神父や貧しい者たちに親切な診察をしていた医師ヨハキム・シンデ（進藤）である。ヨハキムは童貞聖マリアに奉献された、「聖イグナチオの信心会」の初代会頭でもあった。この二人はただちに捕縛、市外の松林に連行され、三日三晩改心するまで逆さにして木に吊された。しかし、両人とも信仰を固守して棄教を拒んだので、長政の命で刑場にひかれて首を刎ねられた。文献に記された博福のキリシタン史上最初の殉教者である。

また、町人の町博多では、ジョアン明石次郎兵衛が、妻カタリナとともに殉教している。かれは、大坂城で普請奉行をつとめ、のちに長政にかかえられたジョアン明石掃部の徒弟であり、その勧めにしたがって小倉で洗礼を受けた。ジョアン次郎兵衛とカタリナは、長政に棄教を再三再四要求されたが、不退転の決意で断乎としてこれを拒み、ついに斬首されたのである。

文献にみることのできる博福におけるキリシタンの殉教は、右の二例にすぎない。しかし、文献に示されていない殉教者がいたことは想像に難くない。

ともあれ、その後の宗門改め、五人組あるいは寺請制といった、制度化された幕府のキリシタン弾圧政策の強化にともない、博多および福岡のキリシタンは衰退の一路をたどることになるのである。なかには長崎に移転した者もいたであろう。あるいは刀剣を捨てて鋤に持ちかえ、農民として土を耕す者もいたであろう。最盛期には数千の信徒を数え、壮麗な聖堂およびレシデンシアなどを擁していた博多におけるキリシタンの歴史は、ここに幕を閉じたのである。この地で再度キリスト教の伝道がなされるのは、二六〇数年後の明治十二（一八七九）年になってからのことである。

日本の開国とキリスト教

ペリーの来航

太平の眠りを醒ます蒸気船（上喜撰）
たった四はいで夜も寝られず

近代日本の幕明けは、嘉永六（一八五三）年、マシュウ・ペリー提督が、アメリカ東インド艦隊を率いて日本に来航した事実にはじまることは周知のことだろう。この四隻からなるいわゆる黒船の来朝は、世界に対して門戸を閉ざしていた当時の日本人にとり、未曾有の大事件であり、夜も安眠することができない有様であった。

その際、ペリーがつきつけた日本に対する開国要求は、アメリカの東アジアに進出の足がかりを日本に得ようとすることが、その第一義的目的であったといわれている。しかし、同時にこの開国要求には、日本が長期にわたりキリスト教を厳禁し、キリスト教徒の迫害をくり返している国であることから、欧米のキリスト教国の間に特別の関心をかき立てて、日本伝道の期待と願望が、ふくまれていたことはあまり知られていない。

ペリー自身がその著『日本遠征記』（岩波書店）の冒頭に、つぎのように述べていることからも、その事実をうかがい知ることができよう。「キリスト教国の人々は、（日本人に）好奇心を抱いて注意を怠らなかった。……キリスト教徒はかれらの迷信、偶像崇拝の諸相を知りたいと希い、また純粋な信仰とより啓発されたる礼拝とによって、かれらをキリスト教徒の仲間たらしめる日の明け初めんことを待望する」と。

とはいえ、ペリーはもとより、かれに国書を託したアメリカ合衆国大統領ミラード・フィルモアも、日本の鎖国が主として、対キリスト教政策としてとられていることを熟知していた。それゆえに、この宗教問題を国交開始の交渉に加えることには、ことのほか慎重な姿勢をとったのである。したがって、翌年再来日のペリーと幕府との間に締結された「日米和親条約」の条文には、キリスト教に関してまったく触れられておらず、キリスト教の日本再伝道の道は依然閉ざされたままであった。しかし、ペリーによる日本の開国成功が、やがて来るキリスト教解禁の日への、記念すべき第一歩となったことはいうまでもない。

ついで、初代アメリカ合衆国総領事として来日したタウンゼント・ハリスは、幕府との間に、安政五（一八五八）年「日米修好通商条約」を締結した。長期にわたる鎖国政策の結果、幕府はこのような国際条約締結という外交接渉には、まったく不慣れであった。そのため、治外法権あるいは関税権などに関して、多くの不備な問題を含んだ条約であったことから、明治期に入って、不平等条約の改正に苦慮する結果を招いたことはよく知られている。

キリスト教に関しても、ハリスは在留アメリカ人の信仰生活を保証し、礼拝所の設置とその保護、そしてまた、キリシタン弾圧の手段であった踏絵の廃止をも求めた。かれは幕府の強硬なキリシタン政策のゆえに、これらの要求が容易に受け入れられるとは期待していなかったという。しかしながら、予想に反してほとんど何の抵抗もなしに、これらが条文に明記されることとなった。「日米修好通商条約」の第八条をみてみよう。「日本にあるアメリカ人、自ら其国の宗法を念じ、礼拝堂を居留場の内に置くも障りなく、並に其建物を破壊し、アメリカ人宗法を念ずるを妨る事なし。……日本長崎役所に於て、踏絵の仕来りは既に廃せり」と。

敬虔なキリスト教徒であったハリスが、「今ここに日本人がキリスト教に対して加えた残酷な迫害に一撃を加えた」（『日本滞在記』岩波書店）というように、この条約にはキリスト教にとって、好都合ともいいうる条文がふくまれることになったのである。すなわち、依然キリシタン禁制下のことでもあり、直接日本人に対してのキリスト教伝道を許可するものではないが、日本在留のアメリカ人に対する宗教活動と、居留地に限定するとはいえ、礼拝するための教会堂建設を承認するというのである。

この年、幕府はアメリカのみでなく、オランダ、ロシア、フランスとも同じ趣旨の条文をふくむ修好通商条約を締結している。かくして、日本在留の自国人の信仰生活を援助するという名目で、中国や琉球などに待機していたプロテスタント、さらにはカトリックの宣教師が、指定された開港地に続々と上陸することになるのである。

宣教師の来日

修好通商条約が発効した安政六（一八五九）年、早くも指定された開港地に宣教師が到着している。プロテスタントでは、立教学院の創設者となるアメリカ監督教会（アメリカ聖公会）派遣のチャーニング・M・ウイリアムズやジョン・リギンス、のちに明治新政府顧問となるアメリカ改革派教会のギドー・フルベッキなどが長崎に、ヘボン式ローマ字で知られるジェームス・C・ヘボンなどが横浜にそれぞれ上陸している。

カトリックではローマ教皇庁から日本伝道を委託された、パリ外国宣教会のP・S・バルテミル・ジラールが日本代牧教区長として、初代駐日フランス領事テウシェーヌ・ド・ベルクールとともに、江戸に到着したのである。このようにして、慶長十七（一六一二）年徳川幕府によるキリシタン禁制布告以来はじめて、カトリックのみでなくプロテスタントをふくむ宣教師が、日本の地に公然と足を踏み入れたのである。

日本に上陸したとはいえ、これらの宣教師は大きな困難に直面しなければならなかった。依然厳格な禁教令が施行されている限り、かれらは宣教師としての本来的活動は許されなかった。条約に定められた居留地に住みながら、自国民の信仰生活の援助（牧会・司牧）に、その活動を制限されたのである。プロテスタント宣教師はキリスト教の理解を求めて、間接的ともいえる活動をはじめる。たとえば、横浜に到着したヘボンは診療所を開設したり、ヘボン塾という英語教育に従事するなどして、禁教令が解かれて本格的な伝道活動が許される日を、ひたすら待っていたのである。このヘボン塾出身者の中には、のちの首相、蔵相を歴任する高橋是清、三井物産の益田孝などがいる。

他方、カトリックのジラールは居留の欧米人に対してというより、日本人に対するデモンストレーションとして、ヨーロッパ文化を誇示するために、美麗なゴチック風の天主堂を横浜に建立した。文久二（一八六二）年、盛大な献堂式を内外の来賓多数を招いて執り行った。

その後毎日のように、多くの日本人が参観に訪れるのを機に、ジラールはキリスト教についての説教をはじめた。聴衆のなかには進んで教理を学ぶ者も出現するに及んで、役人がかれらを捕縛する事態が生じた。いわゆる「横浜天主堂事件」である。ジラールは伝道活動を中止することを条件に、かれらの釈放を実現したのであるが、以後横浜のカトリック教会では、禁教令が解かれるまで、直接伝道は差し控えたといわれる。

禁教令下の長崎の宣教師

九州で唯一の開港地は長崎である。のちの福岡へのキリスト教伝道は、長崎からの活動が大きな位置を占めることになるので、やや詳しくのべることにしよう。

長崎に着任した宣教師は、横浜の場合と同様に、本格的な伝道活動が許されないゆえに、幕府の教育機関や私塾で、英語教育その他に従事している。

プロテスタントでは、宗教改革者カルヴァンの流れをくむ、改革派宣教師フルベッキの事例を紹介しておこう。かれはオランダ出身という好条件もあり、幕府の英語伝習所済美館（のちに広運館と改称）、さらに佐賀藩の致遠館にも招かれ、英語のみでなく数学や自然科学を教授している。その生徒のなかには伊藤博文をはじめ大隈重信や副島種臣といった、明治

フルベッキと済美館の学生。学生の氏名はほとんど判明している。明治２年上野彦馬撮影（長崎歴史文化博物館蔵）

維新政府の要人が多数おり、のちに政府顧問として東京に招かれることになる。また、かれは在中国の宣教師団によって印刷された漢籍の輸入にもかかわり、聖書をふくむ宗教書や地歴書、さらには自然科学、医学書まで取り扱っている。ともあれ、宣教師本来の直接的伝道が不可能であったために、やむなくこのような間接的伝道ともいえる、文書伝道を選択しているのである。

もちろん、プロテスタント宣教師は条約の規定にしたがい、長崎在留のイギリス人、アメリカ人、オランダ人などの信仰生活の援助、つまり牧会活動に従事している。アメリカ監督教会派遣のウイリアムズ、リギンスは、長崎着任直後から日曜礼拝を主宰、文久二年には東山手居留地に白亜の教会堂の竣工をみている。この教会は日本における最初のプロテスタント教会といわれている。

残念なことに、この教会堂は大正のはじめに白蟻の被害で倒壊したといわれ、今日ではその跡地に記念のレリーフがあるのみである。丘の上にあるこの教会への参道が、例の「オランダ坂」である。江戸時代を通して、長崎で白人といえばオランダ人のみであったことから、この教会の礼拝に列席する「白人」が上り下りするこの坂道を、長崎の人はいつしか「オランダ坂」と呼ぶようになったと伝えられている。オランダ人のためでも、またオランダ人が造った坂道でもないのはいうまでもない。

カトリックでは横浜についで長崎でも天主堂を建立した。今日、長崎の観光名所のひとつともなっている、国宝の大浦天主堂である。一八六五（元治二）年、盛大な献堂式が、各国外交団に正装した長崎の役人・町人列席のもとに挙げられ、入港中の艦船による祝砲も式典に華をそえた。横浜の場合と同じく、多くの市民が見物に訪れるが、ほどなくまったく予期しない事態が生じたのである。

見物人に混って、ひそかにキリスト教信仰を保持してきた浦上の潜伏キリシタンの一群が、司祭ベルナール・タデオ・プチジャンを訪い、「わたしたちはあなた様と同じ心でございます」と、信仰を表明したのである。世にいう「切支丹の復活」であり、やがて起こる「浦上四番崩れ」の発端でもある。

信仰を告白した旧信徒は神父の指導を受け、「寺請制」を否定し、檀那寺に無届けの自葬を敢行するが、役人の知るところとなり、やがて指導的信徒が捕縛され、弾圧がはじまる。明治維新政府も幕府の対キリシタン政策を踏襲、というよりさらに強化し、浦上の村民三千余人が西国二十藩に流配されることとなった。「浦上四番崩れ」である。

各国外交団がこれに強硬な抗議をくり返したのは当然である。フルベッキが進言して実現したという、岩倉具視を長とする遣欧使節団は、訪れた欧米諸国でこの宗教弾圧に対するきびしい抗議と非難に直面した。こうした外圧により日本政府は重い腰をあげ、キリシタン禁制の高札を廃止し、ともかくキリスト教信仰を黙認する態度をとるにいたったのである。

禁教令の撤廃――伝道開始

明治六（一八七三）年は、日本のキリスト教の歴史にとり、大きな意義をもつ年である。明治政府は欧米諸国からの度重なる抗議と非難のゆえに、黙認という消極的なかたちではあったが、江戸時代より続けてきた、キリシタン禁制の高札を撤廃したのである。慶長十七（一六一二）年以来二六〇年近くの歳月を経て、キリスト教信仰はともかくも認められることとなった。来日していた各教派宣教師は、それまでの間接的伝道から、かれら本来の使命を果たすべく、本格的な伝道活動に励げむことになるのである。

ここで簡単に、禁教令撤廃以後の長崎における宣教師の活動を鳥瞰しておこう。この時期の長崎は、九州におけるキリスト教伝道の唯一の発信基地であり、この地での活動の成果が、やがて福岡にもかかわりをもつことになるからである。

このころに長崎に着任していた宣教師は、プロテスタントでは、アメリカ改革派のフルベッキの後任ヘンリー・スタウト、のちに日本聖公会を構成する団体のひとつ、イギリス教会宣教協会のヘンダーソン・バーンサイド、アメリカ・メソジスト監督教会のジョン・デヴィソン、カトリックではパリ外国宣教会のマルク・M・ド・ロなどである。

かれら宣教師の禁教令撤廃後の活動は、およそ次の四点に要約することできると思う。

(一)、何よりもまず居留地を出て、市中に日本人対象の教会を設立する。

(二)、日本人伝道者育成のための神学教育を開始する。

(三)、長崎をキー・ステーションに、日本人伝道者を指導して、九州の主要都市伝道を展開する。

(四)、市内にキリスト教主義学校を設立し、伝道の一助とする。

概して、右にあげた諸点が宣教師の活動に共通してみられるが、つぎに各教派ごとに宣教師の動きを簡単に観察してみよう。

宣教協会のバーンサイドは在留イギリス人の援助をえて、出島に教会を建て、日本人対象の伝道を開始する（現・日本聖公会長崎聖三一教会）。後任のハーバート・モンドレルはキリスト教教育の必要性から、出島英和学校（のちに廃校）、さらに聖アンデレ神学校（のちに大阪聖三一神学校と合併）を設立して伝道者の育成を試みる。こうした日本人伝道者とともに、九州の主要都市への伝道に従事するが、やがてそのターゲットのひとつに福岡が選ばれることになる。

メソジスト派のデヴィソンも、出島に教会を設立する（現・日本基督教団長崎銀屋町教会）。同時に、キリスト教教育を長崎で実施するために、教育宣教師派遣をアメリカの本部伝道局に依頼した。その結果、来崎したエリザベス・ラッセルとジョニー・ギールは活水女学校を創設、同じくキャロル・S・ロングは加伯利（カブリ）学校（現・鎮西学院）を設立、のちに同校に併設された神学部は、活水神学部とともに伝道者養成に大きくかかわった。ちなみに、ギールはのちに福岡英和女学校（現・福岡女学院）の設立にかかわり、ロングはメソジスト派の福岡伝道に関係することになる。

改革派のスタウトは梅ケ崎教会（現・日本基督教団長崎教会）を設立、ほどなく東山学院（のちに明治学院と合併）、および梅香崎女学校（のちに山口光城女学校と合併、下関梅光女学院となる）を設立している。東山学院神学部出身者が、福岡で伝道することにもなる。

つぎに、長崎のカトリックについてのべておこう。

すでにのべたように、長崎では浦上のキリシタンの復活がみられたが、禁教令下のことであり、露見して、いわゆる「浦上四番崩れ」の悲劇が発生、西国各藩に流配されるという結果を招いた。禁教令が撤廃されたのち、かれらのほとんどは郷里浦上に帰り、困窮した生活にもかかわらず、公然と信仰生活を送ることができることを最上のよろこびとした。

やがて、かれらはかつて心ならずも踏絵を踏まされた庄屋屋敷を購入して仮聖堂とした。そして、この地に東洋一といわれ、偉観をほこる浦上天主堂が竣工した。浦上信徒苦難のシンボルともいえるこの天主堂が、大戦末期に原爆で無惨にも灰燼に帰したことは周知のところであろう。

他方、大浦教会はカトリック教会の再編成にともない、九州一円を管轄する長崎司教座聖堂となり、福岡も長崎司教区にふくまれることになる。現在は福岡司教区として、長崎大司教区からは独立している。

それはともかく、大浦教会は教区内の伝道の拠点であり、多忙をきわめた。日本人伝道者育成にも力をそそぎ、福岡県大刀洗の今村の潜伏キリシタンに復活を呼びかけ、今日の今村カトリック教会の礎を築いたのも、長崎からの伝道士たちであった。同時に、司祭養成の長崎公教神学校（通称羅典神学校）も設立され、西日本各地に神父・司祭を送り出した。この神学校も、その後変遷を経て、戦後福岡に新設されたサン・スルピス大神学院（現・日本カトリック神学院）が司祭養成の神学教育を継続している。

黎明期の福岡キリスト教

福岡市の誕生

福岡市が那珂川をはさんで、東の博多部と西の福岡部からなっていることはよく知られている。前者は商人の町であり、後者は黒田五二万石の城下町である。博多の歴史は文献にあらわれてから千二百年以上も経過しているが、福岡は黒田家の筑前入りから、わずか四百余年の歴史であるにすぎない。

明治四（一八七一）年明治維新政府は、中央集権化を進めるために、廃藩置県を推進し、福岡県が成立した。戸籍編成法により土地住民調査がおこなわれた際に、福岡を一区、博多を二区とし、さらに両者を合併して第一大区、ついで福岡区と名称が改められた。このことで福岡市域の原形が形成され、明治二十二年の市制施行の日を迎えるのである。全国で三一の市、九州では熊本、長崎などとともに福岡市として誕生した。市の名称は論争の末、「博多」ではなく「福岡」に落着くが、「博多」の名はJR駅、港、人形、織物、にわか、どんたく、はてはラーメンなどにも冠して、広く愛用されているのはご存知の通りである。

発足当初の福岡市は、今日の人口一五〇万を数える大都市とはおよそ異なっており、熊本、長崎よりも少くない五万余の人口であった。市域も東西は石堂川から樋井川までの間、南は旧博多駅から国体道路を経て、大濠公園南側を結ぶ線の北側の地域、現在の中央区と博多区の一部で、面積は五平方キロにすぎない。明治初期は農民の竹槍一揆や「福岡の変」などが相続き、維新以来の立ち遅れもあって、今日みられるような九州の中核都市・福岡のすがたはいまだ形成されていなかったのである。

このような明治初期の福岡であれば、日本で唯一の外国への窓口であった出島があり、かつ開港地のひとつでもあり、西洋の文物が直接輸入される長崎、あるいは政治・文化そして軍事面にも枢要な都市であった熊本に、多くの面で遅れをとったことはいうまでもない。キリスト教の導入も、これらの諸都市に先をこされていることは否定できない。

もちろん、福岡市は次第に、九州の重要都市の性格を帯びて登場してくる。明治二十二(一八八九)年に九州鉄道(現・JR九州)が開通、交通機関が整備され、明治四十二年には、昭和三十八年に駅移転で取り壊された、ルネッサンス式のモダンな駅舎が完成している。先年、交通緩和のゆえに敷設された地下鉄ゆえに、撤去された電車が福岡市内を走るのは、明治四十三年以来のことである。また、福岡市に初めて電燈が点じたのは、明治三十年の十一月。町々をまたぐ電燈架線のため、当時一〇メートルをこす山笠が通行できなくなると大問題となり、以後は現在のように低い「かき山」と、高い「飾り山」とすることで一件落着する。

教育機関も着々と整備されてくる。小学校十校のほか、中学修猷館、福岡高女などの中等学校、師範学校が設置され、明治三十六年には九州大学の前身、京都帝国大学福岡医科大学が創設されている。

大正期に入ると、福岡市は周辺の町村との合併によって市域は拡大する。また、市内の道路交通網の整備、とくに九州鉄道（現・西鉄大牟田線）の福岡—久留米間の開通で、始発駅天神を中心に、この一帯の都心機能の現代化が早まり、急速に、九州第一の学術・文化そして経済の都市へと発展していくのである。このように、新しい姿をととのえてきた福岡市にも次々とキリスト教が伝えられることになるのである。

福岡組合教会

明治という新しい時代に入ったとはいえ、開港地長崎とは大きく異り、福岡ではキリスト教の動きをまったくみることができない。かつて数千の信徒を数えて盛んであった博多のキリシタンの末裔が、いわゆる「カクレキリシタン」として福岡に残存していたわけでもない。禁教令が撤廃されたのちも、福岡でキリスト教の伝道が試みられるには、今しばしの時間を必要としたのである。

明治期に入って、はじめて福岡において、キリスト教伝道が行われるには、明治十年の「福岡の変」と深い関係があるのである。といえば、いささか奇異に思われるかもしれないが、理由はつぎの通りである。

「福岡の変」とは、鹿児島で西郷隆盛らが起こした西南戦争に呼応して、旧福岡藩士が決起した反政府暴動である。かれらは新政府の対外政策と薩長の官僚独裁を批判し、西郷決起の報に接して、熊本鎮台福岡分営や福岡県庁を襲撃したが、武器不足や参加士族の予想外の少なさゆえに失敗に帰し、数日のうちに鎮圧されてしまった。

首謀者たちは斬首されたが、参加士族の多くは各府県に分囚の身となった。そのなか、三十六名の者が兵庫監獄に収監された。ところが、このことを伝え聞いた神戸の摂津第一基督公会（現・日本基督教団神戸教会）の監獄担当の信徒が、神戸英和女学校（現・神戸女学院）のエリザベス・タルカットなどの宣教師と相談して、これらの収監者を慰問しつつ、親切にキリストの福音を説いたのである。

　やがて、このなかから聖書を学び、真剣にキリスト教を求める者が生まれた。大神範造、安永寿といった人々である。そして、刑期が終り帰福が許された日に、キリストの福音を郷里福岡の地に宣べ伝え、教会の設立を誓い合ったという。

福岡警固教会（旧福岡組合教会）

　福岡に帰ったかれらは、さっそく同志社英学校（現・同志社大学）の新島襄に相談するが、新島は当時の情勢から教会設立よりも、英学校を建てて人材育成をはかるのが得策と勧告した。そのため、かれらは英学校設立を模索するが失敗に帰し、再度新島と相談して、伝道師の不破唯次郎を迎えることになる。不破は明治十二年に着任、当時の早良郡原（現・早良区原）に住み、翌年本町（現・中央区赤坂）にキリスト教講義所を開設するのである。

慶長十八（一六一三）年、黒田長政が博多の教会を取り壊し、宣教師を長崎に追放して以来実に二六〇数年振りに、福岡の地で公然とキリスト教が伝道されることになったわけである。もちろん、不破の来福が福岡で最初のプロテスタント伝道であり、のちの日本組合基督福岡教会、今日の日本基督教団福岡警固教会の発端である。なお、「組合教会」とは、Congregational Churchの訳で、「会衆派教会」とも訳される。教会の自主自治を重視し、協同の精神を重んじた。新島襄はこの派の重要な指導者であった。

不破は本町の借家を講義所と住居として、本格的な伝道活動に入った。大神や安永たちは麦粉などの行商をしたりして、伝道費用を捧げた。しかし、当時の福岡市民はキリスト教に対する理解をまったく欠き、説教中に石や瓦を投げこんだり、夜間ひそかに汚物を家のなかに撒き散らしたり、嫌がらせが続いたという。

この年の十一月、新島は神戸在住の宣教師ジョン・L・アッキンソンを伴って来福、講義所で説教をし、洗礼式と聖餐式を司った。この日洗礼をうけたのは、大神と安永など四名の男性であった。かれらは福岡で最初のプロテスタント・キリスト教信徒ということになる。

その後、講義所を橋口町（現・中央区天神）に移し、集う人も日毎に増加していった。さらに信徒たちの献財と、新島を通してのアメリカの有志からの献金をえて、呉服町（現・中央区舞鶴）に土地を求め、会堂建設をはじめて明治十八年に竣工した。日本組合基督教会の伝道機関である日本伝道会社より、村上俊吉を迎えて献堂式を盛大に挙げた。同時に、教会設立式をも行い、伝道師不破唯次郎はこの席で按手礼《あんしゅれい》を受け、正式の牧師として就任することとなった。さらに、伝道会社からの補助も辞退して自給独立を宣言している。

ちなみに、この教会がのちに福岡警固教会と呼ばれるようになるのは、昭和四（一九二九）年現在地の警固町（現・中央区警固）に移転したが、戦時中、日本基督教団成立にともない、教会名も変更することになったからである。それまでは「福岡組合教会」と通称されていた。このことはのちに再びとりあげよう。

福岡メソジスト教会

明治六年キリシタン禁制の高札が撤廃されて以降、長崎が九州の主要都市へのキリスト教伝道の、キー・ステーションとしての役割を果したことは前に指摘したところである。メソジスト派の福岡伝道も長崎を拠点に実施されている。この派では、いち早く長崎に出島メソジスト（美以）教会を設立し、ついで活水女学校、加伯利《カブリ》学校（現・鎮西学院）を創設している。さらに、のちに鎮西学院神学部となる神学塾で、日本人伝道者を養成して、九州伝道を開始、鹿児島、熊本にはすでに教会を設立していた。福岡はこれら九州の三都市についで、四番目に伝道が開始されることとなる。明治十七年のことである。

なお、明治期にはメソジスト教会のことを、「美以《みい》教会」と呼称することがしばしばみられる。これはメソジスト教会の正式名称「メソジスト監督教会」を、英語でMethodist Episcopal Church ということから、その頭文字を漢字で表記したことによっている。

メソジスト教会とは、十八世紀中葉にイギリス国教会のなかで起こった、信仰覚醒運動であり、とくにアメリカで大きく成長している。日本でも青山学院はじめ多くの学校を創設しているが、現在は日本基督教団に加入して、「メソジスト」という名称の教団は存在しない。

それはさておき、この年、明治十七年に東京で開催された、日本メソジスト教会第一年会議で福岡伝道が決議され、長崎在住の宣教師ロングが福岡に派遣されることとなった。この年、ロングは当時鹿児島で伝道活動に当っていた、谷川素雅を伴って福岡に来た。ロングは加伯利学校の創立に関与した宣教師であり、かれから受洗した加伯利出身者と連絡をとり、伝道に適する場所を探した。

苦労の末に見付けた呉服町（現・中央区舞鶴）の借家を仮会堂に、浜町（現・中央区舞鶴）の借家を英学校校舎に予定し、最初の礼拝を浜町で行ったが、出席者は四名だったという。

福岡メソジスト教会、今日福岡でもっとも大きいといわれるプロテスタント教会、日本基督教団福岡中部教会のスタートである。この夜、ロングは不破唯次郎の講義所で、不破の通訳でキリスト教の講演をしている。組合教会との密接な協力関係は、こののちも継続している。

ほどなくして、ロングが長崎に帰ったのち、谷川は積極的な伝道活動を行うとともに、のちにキリスト教社会主義者として名をなす、福岡生まれの安部磯雄を招いて、浜町の借家で英学校を開設した。校名は「羔血《こうけつ》義塾」としている。福岡での最初のキリスト教主義学校(塾)ということができる。しかし、一年余で教会内に内紛が生じ、谷川は辞任に追いこまれて熊本に帰り、英学校は閉鎖を余儀なくされた。

福岡中部教会(旧メソジスト教会)

福岡メソジスト教会にとり、谷川

素雅の存在はきわめて大きく、伝えられるところでは、谷川は「肥後気質そのままで、いたって豪放磊落《ごうほうらいらく》、小事に拘泥しない飾り気のない人」であった。しかし、「一たび講壇に立つや堂々として雄弁流れる如く、理論明晰よく聴衆を感動せしめ当時の福岡人士間にとりてもっとも時機に適応し、大いに歓迎された」という。かれの魅力あふれる力ある説教に感化されて、入信した者はかなりの数に及び、教会設立後一カ月余りで三百人もの聴衆が集まったとか。英学校に安部磯雄を招くことができたのも、かれの手腕にほかならない。

谷川の後任として着任したのは、石見《いわみ》出身の元禅僧で、熊本で伝道していた飛鳥賢次郎である。飛鳥は長崎でデヴィソンの日本語教師を務めたのを機縁にキリスト教徒となり、かれのもとで神学を学んだ。飛鳥は鹿児島で伝道ののち、熊本で伝道に従事していたが、仏教徒に襲撃されて重傷を負うなどの苦闘を重ね、熊本メソジスト教会（現・日本基督教団熊本白川教会）の設立に尽力した人である。

福岡着任後、飛鳥は一時期混乱をひき起していた教会の立ち直りを試み、やがて福岡で最も盛んな教会のひとつに育てあげたのである。かれの在任中の事績として特筆さるべきことは、第一に、福岡英和女学校が天神に新築された折、日夜その監督にあたり、その工事を無事完成に導いたことである。第二に、明治二十一年、女学校に隣接した場所に教会堂を建てることを押し進め、福岡メソジスト教会の献堂式を挙行したことである。

この翌年、新築されて間もない教会で開かれた祈禱会の席で倒れ、四十一歳の若さで生涯を閉じた。かれの遺言には「余が福岡に来りし時、第一失望、第二希望、第三満足」と記されていたという。

飛鳥なきあとしばらくは牧師不在、いわゆる無牧が続いたが、教会員は一致して教会を守った。当時長崎の鎮西学院神学部学生であった貞方（値賀）虎之助は、しばしば福岡に応援にかけつけ、説教に聖書講義に、あるいは公開講演に活躍している。かれはその後青山学院に学び、同校の教授を務めたのち、牧師として再び福岡で活躍することになるが、そのことはのちに記そう。貞方のほか、安部磯雄や鎮西学院長を務めることになる川崎升なども来援している。

牧師不在の期間、こうした若き人々の働きにより教会は維持され、やがて次々と有能な牧師を迎えて、福岡でも一、二の有力なプロテスタント教会に成長するのである。

聖公会福岡教会

福岡における聖公会の本格的伝道は、メソジスト教会より一年遅れた明治十八年にはじめられた。聖公会とはイギリス国教会の流れをくむ教会である。十六世紀時の国王ヘンリー八世の結婚問題に端を発して、カトリックから独立したプロテスタント系の教会である。

長崎から、アーサー・B・ハッチンソンと、聖アンデレ神学校出身の渡辺保治により、福岡に定住した本格的伝道が開始されている。長崎ではすでに、伝道者養成の聖アンデレ神学校が設立されており、伝道師・神学生が宣教師とともに、鹿児島、熊本、佐賀などに派遣され、教会形成が試みられていた。ハッチンソン等の来福以前にも、長崎や佐賀から福岡への出張伝道が行われていた。しかし、将来が大いに期待される福岡での、定住した伝道者を配置することの必要性を痛感して、本格的伝道の態勢をとったのである。佐賀で伝道していた渡辺が福岡に移り、橋口町（現・中央区天神）に家屋を得て講義所を開設したのである。

福岡市が伝道地として、かなり有望であることを再認識したハッチンソンは、イギリスの宣教協会本部に、再三再四にわたり、福岡への定住宣教師派遣を依頼している。しかし、その実現の見込みがきわめて困難な状況から、かれ自身休暇で帰英できる特権を放棄して、長崎から福岡に移転、定住して伝道に専念することを決意したという。

ハッチンソンと渡辺は熱心に伝道に励み、その努力の結果は着々と実を結び、信徒・求道者が増加した。ハッチンソンが各所で開いた英語バイブル・クラスも有効な伝道方策であった。そのために、講義所は手狭となり、教会堂建設を望む声が日増しに大きくなっていった。信徒は教会堂建設のための献金を開始し、ハッチンソンは英語教師を依嘱されていた中学修献館の給料をすべて献げたという。

その結果、須崎土手町（現・中央区天神）に地所を購入、明治二十四年、新会堂が竣工した。盛大な献堂式があげられ、同時に聖餐式と洗礼式が執行された。これを機に教会名も「主磐（アルパ）教会」と称するようになった。この教会を基盤にして、第二、第三と続く教会を、という願いをこめた名称である、と伝えられている。

ところが、福岡での教勢が伸長するのに伴い、新しい教会堂建設の気運がさらに高まってきた。予め購入していた大名町のバプテスト教会宣教師住宅跡に、新会堂を建設することとなり、明治三十九年に竣工した。今日の福岡中部教会が所在する場所である。会堂新築間もなく、長崎の聖アンデレ神学校第一期出身の洪恒太郎が、日本人初の司祭としてこの教会に就任した。同時に、これを機会に、教会の正式名称も「日本聖公会福岡アルパ教

福岡聖公会教会

会」となった。

これまで「聖公会」という名称で語ってきたが、日本聖公会の成立は、明治二十年のことである。この当時、日本において伝道活動に従事していた、イギリス国教会系統の三つの伝道団体、すなわちイギリス教会福音伝播協会、同宣教協会、それにアメリカ・プロテスタント監督教会が、合同のための協議会の議を経て、「日本聖公会」の成立をみたのである。

この「日本聖公会」の成立を機に、それまで長崎をキー・ステーションに行われていた九州伝道であったが、組織の再編にともない、熊本が九州地方中央となった。しかし、明治四十二年、九州地方部主教に任ぜられたアーサー・リーは、前任主教のヘンリー・エヴィントンが九州中央を、熊本から福岡に移したいとの構想をもっていたことから、それを継承し、主教就任を機に、主教駐在地を福岡に移した。かくして、福岡アルパ教会は主教座教会として、九州の聖公会教会全体にかかわる重責を担うこととなり、「アルパ大聖堂」とも称されることとなった。

三教会連合の集会

一八八〇年代に福岡で伝道を開始したプロテスタント教会は、これまで述べてきたように、組合教会、メソジスト教会、そして聖公会の三教派三教会である。これらの三教会はしばしば教派を超えて、連合祈禱会、伝道説教会あるいは親睦会などを催している。一般市民にキリスト教の理解を得させるためには、各教会単独による説教会もさることながら、協力し合って伝道にあたる方策を試みたのである。三教会合同の会合を催すことで、社会的に少数者であるキリスト教徒に連帯感をあたえ、とくに弾圧にたいしても相互に励ましあう効果をもたらしたのであろう。

幸いなことに、福岡警固教会が「福岡組合基督教会日誌（一八九〇年－一八九六年）」を所蔵している。この「日誌」に記載の三教会合同の催しをいくつか記してみよう。おそらく月に一度開かれた連合祈禱会に関しては「夜美以（メソジスト）教会に於て連合祈禱会を催す。集う者は十八名なりし」「夜三教会祈禱（会）ありたり、江浪氏（組合）司会として、渡辺（聖公会）大野（組合）の感話ありたり」などである。さらには「一月二日夕ヨリ一週間在福岡三教会美以、監督（聖公会）、組合信徒連合初週祈禱会ヲ開ク、会場ハ例ニ依リ各教会順番ニ之ヲ開ク」と記されているように、年頭の初週祈禱会も催されている。

興味をひく事例として、東京や大阪などの初期プロテスタント教会において、盛んに行われた催しに「親睦会」がある。社会的にキリスト教がまだ充分に受入れられておらず、迫害もあった時代だけに信仰による親しい交わりをもって、互いに励まし合って、讃美歌をうたい、食事をともにし、ゲームを楽しむなどの催しをしたのである。

今日のキリスト教界ではまったく見ることのできない親睦会であるが、福岡で催された最初の親睦会は、明治二十三年三月二十一日に開催されている。先述の「福岡組合基督教会日誌」にもとづいてみてみよう。

気が熟して、春季大親睦会を福岡の三教会合同で催すことが決まり、その準備委員を各教会二名ずつ出して周到な準備を行い、いよいよ記念の日を迎えた。以下、やや長文であるが、その有様を示した一文を引用しよう。


午前十時迄天神町美以（メソジスト）女学校（現・福岡女学院）に集り、十一時頃基督教信徒大親睦会と記せる大幟を押立てて、女子は第一に男子は第二に列をなして博多の町をふりだし箱崎に至る。白砂の清き松風の吹く楽園を通りて夕陽にまで遊ぶ。此日や昨夜よりの曇天なりし為に甚だ心痛せしも今朝より好天気、実に喜びに満ちたり。綱引、球投げ、眼隠し種々の遊をなす。午後二時頃開会、司会讃井氏、祈禱藤井氏、聖書赤井氏、祝文江浪氏、演説道田氏、古藤其他諸氏なり。各自喜を尽して夕陽会散す。福岡基督教信徒初まりてよりの初めての好景況の有様なり。一進歩の段階なり。集まる者百五十人なりし。

このようなキリスト教プロテスタントの親睦会は、その後も春秋に東公園や西公園で開催されている。

今ひとつ、福岡の三教会合同の動向に加えなければならないのは、三教会青年有志による「福岡基督教青年会」の結成である。明治十五年に大阪基督教青年会が結成されたのに端を発し、東京、横浜など各地で青年会運動が起こり、伝道のみでなく、社会道徳の改良を目的とし、啓発のための演説会を開催している。

福岡でもこうした運動に触発され、「未信者青年輩の怠惰不品行を更正せしめる目的」で、明治二十年、「北筑基督教青年会」とも通称される「福岡基督教青年会」が組織された。かつて、メソジスト教会の羔血義塾の教壇に立ち、辞任後岡山で伝道していたキリスト教社会主義者安部磯雄などの著名人を招いて演説会を開催している。

また、このころ全国的に採りあげられていた禁酒と廃娼運動をも推し進めている。飲酒にまつわる問題は、今日でも大きな社会問題であるが、当時にあっても暴力沙汰、家庭崩壊、あるいは健康に関して多くの問題をひき起こしたことには変わりはない。かくて、明治二十三年に、これら三教会有志青年は「福岡禁酒会」を結成、「福陵新聞」に禁酒広告を掲載したりしている。群馬県議会が廃娼議案を可決したことに関して、「福岡日日新聞」が「一夫一婦主意書」を掲載した（明治二十三年一月二十二、二十三日付）ことに触発されて、と推定されるが、「日誌」の明治二十四年四月二十二日の項に、「午後一夫一婦の建白書に付相談会を開く」と記されている。しかし、その後いかなる運動が具体的に展開されたかについては、何も明らかにされていない。

いずれにしろ、組合、メソジスト、聖公会の三教会青年会有志によって誕生した福岡基督教青年会は、のちにのべる新たに福岡伝道を開始する日本基督教会、浸礼（バプテスト）といった教会の青年が加わり、ともに相携えて伝道、禁酒などの社会改良運動を目的に、改めて明治三十三年を期して新たな「福岡基督教青年会」を発足させ、メソジスト教会牧師小坂啓之助を会長に選出した。この一連の青年会運動が、やがて今日の福岡ＹＭＣＡへと発展するということができよう。

その他のプロテスタント教会

日本基督教会

明治期後半部になると、これまでのべてきた三教会に加えて、いくつかの教派教会が、必ずしも長崎からではないが、新たに福岡伝道に着手しはじめる。

そのひとつが日本基督教会である。十六世紀の宗教改革者ジャン・カルヴァンの流れをくむ長老派および改革派は、明治十年に合同して「日本一致基督教会」を形成（明治二十三年に「日本基督教会」と名称を変更）、九州においても両派はひとつの教派として、協調しながら伝道活動を行っていくことになる。

九州に所在する日本基督教会の地区連合体は、「鎮西中会」と呼ばれるようになる。『日本基督教会鎮西中会記録』（日本基督教会柳川教会編、新教出版社）によればつぎのように記されている。明治二十六年柳川教会の報告として「福岡博多ニ毎月一回ズツ伝道ス。何レモ数名ノ求道者アリ」と。ついで長崎で神学教育を受けた逸見尚美が、久留米から福岡の定住伝道師として赴任する。「此地（福岡）ハ本年（明治二十六年）五月以来逸見氏来テ伝道ニ着手ス、目下現在信徒ノ当講義所ニ属スル者男一女二名、毎週祈禱会五名聖書研究

福岡渡辺通教会
（旧日本基督教会福岡教会）

会男三名女二名ノ集会アリ」とも記されている。

この講義所は逸見に代って坂文一が担当するところとなり、また会員数の増加もあり、明治三十九年「福岡基督伝道教会」と改称、翌年天神三番地（現アクロス・ビル西隣り辺り）に教会堂が竣工、坂の司式のもとに献堂式が挙行された。このころ、大分からアルバータス・ピータルスが来福、この教会の伝道に協力した。この教会が今日の日本基督教団渡辺通教会および日本基督教会福岡城南教会に発展することになる。

浸礼（バプテスト）教会

今日、福岡で最も多くの教会数を誇り、西南学院の経営母体である浸礼（バプテスト）教会の福岡伝道は、明治二十五年にはじめられた。福岡には小倉や若松からの出張伝道が行われていたが、簀子町（現・中央区大手門）に講義所が設けられた。定住宣教師による伝道は、翌二十六年にネイサン・メイナルドおよびアーネスト・ウワーンの着任によっている。

かれらは講義所に英語学会を開設し、福岡での伝道は大いに活性化した。この伝道成果がやがて福岡教会の組織形成となる。明治三十四年、簀子町の講義所は土地家屋を購入し、教会設立会議の議を経て「福岡浸礼教会」の組織をみ、佐藤喜太郎が牧師に就任した。ちなみに佐藤は改革派宣教師スタウトが設立した長崎神学校の出身である。この教会は門司教会に次ぐ、この派の九州で第二の教会である、今日の日本バプテスト連盟福岡キリスト教会の発足である。

ルーテル教会

カルヴァンとならぶ十六世紀の宗教改革者、マルティン・ルターの流れをくむルーテル教会の福岡伝道は、明治三十九年佐賀から移って来た山内量平によって始められた。かれは博多部の大浜町（現・博多区神屋町）に家屋を借り、病院伝道から着手している。佐賀および久留米のルーテル教会員が、福岡医科大学病院（現・九州大学病院）に勤務しており、かれらを手掛りとしたからである。

やがて、教会は市小路（現・博多区中呉服町）に移り、教会が所在する博多部に伝道する教会としての意義を強調し、「博多町人の救霊」をスローガンに教会形成を試みた。すでに還暦を迎えていた山内を助けたのは、弱冠二十八歳の宣教師レーウィス・S・ミラーである。この老若、和洋の名コンビの活躍で、ルーテル教会はほどなく、福岡の先発教会の仲間入りを果たしている。

大名町カトリック教会

カトリック教会が福岡で伝道を再開したのは明治二十年である。黒田長政が博多の教会を取り壊し、宣教師を長崎に追放した慶長十八年以来、実に二七〇余年振りのことである。パリ外国宣教会のエミール・ラゲの来福をえて、キリシタンならぬカトリック教会の伝道が開始された。これが今日の大名町カトリック教会に発展するのである。ちなみに、ラゲはのちに『ラゲ訳聖書』で、親しまれることになる。

時の長崎教区長ジュール・アルフォンス・クーザンの命で福岡に着任したラゲは、かつて数千のキリシタンがこの地にいたことから、浦上の潜伏キリシタンの例のように、福岡にも旧信徒が残存しているかもしれないと、大きな期待を抱いていた。しかし実際にはカトリック信徒はひとりも残存しておらず、福岡鎮台に勤務していた、長崎出身の信徒数名がいたにすぎなかったという。

ラゲは市内の各所に講義所を設けてキリスト教講義を重ねたが、その流暢な日本語の説教は好評を博した。『パリ外国宣教会年次報告』（聖母の騎士社）は、ラゲ着任時の福岡について、クーザン司教の報告としてつぎのようにのべている。「福岡は新しくできた地区で、これから徐々に布教の範囲を筑前と豊前の国にも拡げる筈である。この福岡は博多の町と一つになっており、町の人口は四万五千である。福岡は地理的に大変よいところにあって、近郊の町を照らすのに最適である。九州の中心であり、この地を拠点とすることには重要な意味がある」と。

ラゲは橋口町（現・中央区天神、福岡中央郵便局辺り）の民家を借りて教会として用い、福岡伝道にあたった。もちろん、市中での講演会、説教会を試みたのみでなく、近隣の町や村、さらには唐津や伊万里にも出かけて伝道に励んでいる。ラゲは三年余の福岡滞在で小倉に転ずるが、その時信徒三十五名で、その内二十五名は毎日曜のミサに出席し、その他鎮台に駐屯している信徒十二名の兵士がいると伝えている。

二年余の福岡在任中に二十七名の者に洗礼を授け、今日の大名町教会の敷地の、一部購入に大きな貢献をした、二代目司祭アルフレッド・ルッセルに代り、明治二十五年第三代エドワール・ベレールが福岡に着任した。ベレールに関して特筆すべきことは、聖堂の建設および聖堂前の道路拡張に関してである。

かれはかつて属していたパリの「勝利の聖母教会」に聖堂建設についての援助を求めた。この懇願に応えて送られてきた献金によって、大名町の教会敷地を拡張し、福岡で最初の洋風赤煉瓦造りの聖堂が竣工し「勝利の聖母」に奉献された。明治二十九年のことである。今も教会の本祭壇上に安置されている聖母子像は、このときパリの「勝利の聖母」教会から贈られたものである。

ところが、明治四十三年に、福博電気軌道の市内電車の医科大学－西公園間が開通することとなった。これにともない、カトリック教会前の道路拡張計画が市当局より発表され、教会敷地の割譲問題が生起したのである。

この市当局の割譲要請に困惑したベレールは、ただちに東京大司教館のフェリックス・エヴェラール司教総代理に、事の顚末を知らせて善処方を依頼した。幸いにも、エヴェラールはのちに「平民宰相」と称される、当時の内務大臣原敬と親交を結んでいた。原は若き日にエヴェラールに日本語を教え、自らも洗礼を受けて、伝道旅行に同行するなどの体験の持主であった。こうした事情から、エヴェラールは原敬にこの福岡の窮状を訴えたというわけである。

このことを耳にした原は、さっそく福岡県知事に仲介を依頼し、その結果、道路拡張計画は取り止めとなり、教会は何ひとつ損害を受けることなく、一件落着したという。今日でも、天神方面から大名に通ずる明治通りは、カトリック教会あたりでカーブしているのはご存知であろう。当時、このカーブはさらに大きく「S字型」に曲っており、ベレールはこのカーブを「原敬のS」と呼び、市民は「ベレール神父の曲り角」と呼んだと伝えられている。

ここで、大名町カトリック教会が属している、福岡教区について簡単にのべておこう。

カトリック教会は幕末の日本再伝道にあたって、まず日本と琉球をふくむ代牧区を設定した。弘化三（一八四六）年のことで、テオドール＝オーギスタン・フォルカードを初代代牧に任じた。この日本代牧区は禁教令撤廃後の明治九年に、二代牧区に分けられた。中部以北の北日本代牧区（北緯代牧区）と近畿以西の南代牧区（南緯代牧区）がそれである。ちなみに、この頃前者はピエール＝マリー・オズーフ司教指導のもとに千二百余名の信徒、後者はプチジャン司教のもと、長崎を中心に一万五千の信徒がいたという。

明治二十一年に南日本代牧区が二分され、近畿、中国、四国をふくむ地域が中部代牧区として、九州から分離独立、大阪に司教区がおかれた。これにより、南日本代牧区は、長崎を中心に九州全域がその管轄となった。さらに、明治二十四年北日本代牧区も二分され、日本におけるカトリック教会の行政組織は四代牧区となった。これと同時に、各代牧区は司教区に昇格し、東京大司教区、大阪、函館、そして長崎司教区となり、初代長崎司教としてクーザンが大浦教会に着座している。

かくして、ラゲが伝道を再開したときの福岡は、南日本代牧区に、そしてのちには長崎司教区の管轄のもとにあった。しかし、その後の長崎司教区の独立など、教区の再編が続き、今日では、福岡、佐賀、熊本の三県からなる福岡司教区を形成しており、大名町教会は福岡司教座聖堂（カテドラル）として機能している。

なお、カトリック教会ではないが、ロシア正教が明治の一時期、福岡でも伝道していたことが伝えられており、ここで紹介しておきたい。

明治十四年の地元新聞「福岡日日新聞」の広告によれば、福岡市因幡町三一番地に「正教講義所」が設けられたこと、および「正教講談」と題して、四名の者による講演会が開かれているようである。また、同様に同紙によれば、明治二十四年、東京・神田のニコライ堂で知られるロシア正教ニコライ主教が来福し、中洲共進会で「耶蘇正教講義」を行っており、ニコライに同行の「神学教授森田亮師ハ自今当市天神十一番地正教講義所ニ在住シテ福博ノ伝道ニ従事候ニ付有志ノ諸君ハ同所ヲ訪フテ真正ノ教道ヲ御探究アランコトヲ」との広告が掲載されている。しかし、因幡町と天神の講義所の関係や、その後の動向については皆目わからないままである。

成長する福岡キリスト教

大正・昭和前期の福岡

大正期に入ると、福岡市域は鳥飼、西新、住吉あるいは千代など、周辺町部との合併により大幅に拡大された。明治二十二（一八八九）年の市制施行時と比較して、面積で二六平方キロと五倍に、人口で十五万六千と三倍強となっている。こうして拡張する福岡市の市政を司るにふさわしい市庁舎の必要性が叫ばれ、大正八（一九一九）年市政三〇周年を期して新築が決定、大正十年に竣工、先年まで天神に偉観を誇っていたことは、多くの市民の記憶するところであろう。

市域の拡大にともない、当然のことながら、道路交通網が整備されてくる。市内主要幹線道路がアスファルト舗装され、市内電車も九州帝国大学前から姪浜まで延長され、やがて城南線も開通するにいたる。もっとも、市民の足として重用された市内電車は、近年の急速なモータリゼーションの波に押されてすでに廃止され、バスや新設の地下鉄に替えられている。

大正十三年には、福岡－久留米間に九州鉄道（現・西日本鉄道大牟田線）が開通、天神を始発駅としたことから、天神地区の都市機能が一変し、顕著な現代化がはじまり、今日の天神界隈の大発展の前触れとなった。また、九州鉄道福岡駅に百貨店岩田屋が開店するのは昭和十一（一九三六）年のことである。ちなみに、福岡での百貨店第一号は、大正十四年中洲に開店した福岡玉屋である。

福岡市がこのように近代都市として形成されるにともない、多くの面で、九州の中核・枢要な都市のすがたを呈してくる。日本銀行支店をはじめ勧業銀行支店などの都市銀行支店の進出に続き、地方銀行の開設もみられる。行政面では依然熊本が九州の中心であったのに対して、金融経済面においては福岡の優位性は否定できない。

とくに、教育面での福岡の躍進は目覚ましく、九州における文教の中心都市としての地位は不動のものとなった。とりわけ、九州帝国大学の福岡設置は、その最たるものといえよう。明治三十六年、京都帝国大学福岡医科大学として発足したが、工学部、農学部、法文学部を加えて、明治四十四年、西日本随一の帝国大学が箱崎地区に創設された。六本松には福岡高等学校が、さらには須崎裏にわが国最初の公立女専、福岡女子専門学校（現・福岡女子大学）が設立されている。のちに述べるように、福岡で初の女学校、メソジスト派の福岡英和女学校（現・福岡女学院）の創設は明治十八年である。男子校バプテスト派の西南学院が大名町に創設されたのは大正五年のことである。これらのキリスト教主義学校の出身者が、福岡市内外の教会その他で、大きな活躍をしていることは多言を要しないであろう。

昭和になってからも福岡市は発展を続け、東は箱崎から西は姪浜と拡大し、昭和十七（一九四二）年には、面積一三〇平方キロ、人口三十四万と九州第一の大都市に成長している。日清、日露の両戦争、さらに第一次世界大戦後の日本の大規模な大陸進出の結果、福岡市は大陸に対する物資集散の中心地として、地理的有利な位置にあたることから、中国大陸や台湾等への物資輸送に活気を呈している。また、同時に、この頃には航空界も大きな発展をとげ、国際飛行場として東洋一といわれた雁の巣、「福岡第一飛行場」のちの海軍飛行場が昭和十一年に開港している。今日の福岡国際空港、かつての席田《むしろだ》飛行場はこのころ、未だそのすがたの片鱗すらみられない。

昭和六年、満州事変が起こって以来、急速に日本は軍国主義的色彩が濃厚となり、やがて日中戦争へと拡大の一路をたどり、昭和十六年ついに第二次世界大戦に突入するにいたった。小学校の国民学校への改称、隣組制、食料配給制、そしてやがては学徒動員など戦時色一色に塗りつぶされた。政府による言論・思想統制はきびしく、治安維持法、宗教団体法が続々と制定され、とりわけ、キリスト教は「敵性宗教」とみなされ、例の悪名高き特高警察の厳重な監視のもとにおかれることになったのである。

そして、福岡市は昭和二十年六月十九日、運命の日を迎えることになるのである。この日、マリアナ米空軍基地を発進したアメリカ空軍B29の大編隊は、九州の行政、経済、軍事そして文教の中心地である福岡市を攻撃目標に、有明海から脊振山地をこえて福岡市上空に侵入、焼夷弾を雨と降りそそいだのである。市の中心部はもとより、薬院、六本松、鳥飼、西新などの周辺部にいたるまで、ほとんど全市が火の海と化した。もちろん、そのなかには福岡女学院をはじめいくつかのキリスト教会や施設もふくまれている。

しかしながら、この年の八月六日に広島に、続いて九日には長崎に、米軍機から原子爆弾（当時は、「新型爆弾」と呼ばれた）が投下され、想像を絶する惨状を呈した。それまで声高に叫ばれていた「本土決戦」を前に、福岡市民のみならず全日本国民は、八月十五日の「ポツダム宣言受諾」との天皇のラジオ放送を耳にして、悲惨な結果のみもたらした大戦の終結に、安堵することになったのである。

各教派教会の動向

福岡組合教会

明治期に福岡伝道を開始した諸教派教会は、伝道の橋頭堡《きょうとうほ》を苦労の末に築いたが、大正期に入ると、教会堂の新築といった基礎固めとともに、福岡市の内外に子教会を設立するなど、いっそうの発展に努めはじめる。また、大きく拡大してきた九州の中核都市である福岡に、新たに伝道を開始する教派も多くみることができるのである。

まず、福岡組合教会の動きからみていくことにしよう。

組合教会は福岡で最初に伝道を開始したプロテスタント教会であった。しかし、平均在任期間が一年余という牧師の交代が相続き、ときには牧師不在の期間もあり、いわば「不遇の時代」ともいうべき時期を経験していた。とはいうものの、福岡の重要性という観点から、福岡教会を積極的に支援する目的で、明治三十一年、沢村重雄が福岡に派遣され、信徒の信仰を復活させ、さらに大牟田、久留米にも伝道するなど面目を一新した。さらに明治三十九年に、中村正路が着任することにより、信徒も一致協力して牧師を助け、組合教会本部からの援助もあって、次第に教勢が伸長するにいたった。明治四十二年には、教会の維持経費のすべてを負担する自給独立を達成し、当時の日本組合基督教会会長の宮川経輝を迎えて独立宣言式を挙行したのである。

自給独立を達成したとはいえ、この教会では、実は大きな難問を抱えていた。それは教会堂改築の問題であった。明治十八年、教会設立とともに建築された呉服町の会堂は、すでに二十数年の歳月を経過して老朽化もいちじるしく、修理を加えても長期の使用に耐えない状況であった。大正四年の教会総会で会堂改築の決議をしたが、第一次世界大戦による物価高のため、一時中断を余儀なくされた。その後、一教会員所有の大字下警固の現在地（現・中央区警固）を譲り受け、計画立案から十五年を経過した昭和四年、鉄筋コンクリートの待望の教会堂が竣工、献堂の式が挙げられたのである。

この教会には、九州帝国大学関係者が多かったことでもよく知られている。同大学設置と同時に赴任し、のちに総長を歴任した電気工学の権威、荒川文六はこの教会の代表的信徒として重きをなした。四十年余にわたり、オルガニストとして礼拝での奏楽に奉仕したことは有名な話である。また、福岡ＹＭＣＡの創設、発展にも大きく寄与し、会長の責務も負っている。荒川以外にも、政治学者で、戦時中軍部批判発言のゆえに教壇を追われ、戦後復帰し、のちに佐賀大学長を歴任した今中次麿、福岡医科大学第一期卒業で衛生学の大平得三、著書『使徒パウロの神秘主義』（第一書房）で知られる宗教学の佐野勝也、学生キリスト教運動に貢献した経済学の高木暢哉などの名を記しておこう。

福岡メソジスト教会

福岡メソジスト教会は着実な伝道運動を重ね、大正二年に自給独立を達成して、ミッション（外国伝道局）からの財政補助を辞退するにいたっている。この時期になると教会員もかなり増加し、日曜朝礼拝には、福岡英和女学校生徒をふくめ、一五〇名をこす盛況を示した。そこで、改めて教会堂建設の声が上り、大正十四年、天神の「赤銅御殿」と呼ばれていた豪邸に隣接した土地に、新たに教会堂を建設したのである。「赤銅御殿」とは、筑豊の炭鉱主伊藤伝右衛門が後妻の歌人柳原白蓮のために建てた、豪華な別邸である。昭和二年、この別邸から出火し、教会も類焼かと危ぶまれたが、信徒、消防隊の消火活動で事なきをえたという。

この教会はさらに、昭和十七年、聖公会アルパ教会が移転した跡地、大名町の現在地（現・中央区大名）に移築した。前教会は築後十八年であったが、損傷がはげしく移築せざるをえなかったとのこと。戦時下ゆえに、資材不足の関係から仮会堂やむなしとなった。福岡大空襲の折には、牧師館をふくむ三棟が焼失したが、仮会堂は幸いにも類焼はまぬがれた。現在の会堂は平成二（一九九〇）年の竣工である。

福岡メソジスト教会は、市の内外に伝道地を求めて子教会の育成に強い積極性を示してきている。大正二年、まず、博多部の社家町（現・博多区冷泉町）に「社家町教会」を新設、ついで大正四年より、宗像郡津屋崎町および糸島郡前原に開拓伝道を開始、数年後に「津屋崎教会」と「前原教会」を生み出している。

聖公会福岡教会

メソジスト教会とほぼ同時に福岡伝道を開始した聖公会福岡教会は、大名町にアルパ教会として伝道活動に専念していたが、すでにのべたように、明治四十二年、九州地方会で主教に任ぜられたアーサー・リーが、九州地方中央を福岡に移し、アルパ教会を主教座聖堂とした。このことはアルパ教会が九州における中核的地位を占め、かつ重要な役割を担うことを意味した。

やがて、リーはかつての長崎における聖アンデレ神学校の復活を期し、福岡の主教館で私塾的な教役者養成をはじめ、日本聖公会公認の神学校に発展することを願った。この塾で学ぶ者が増したことから、大正九年に本庄町豆田（現・中央区薬院）に、専門学校令による福岡神学校に成長したのである。この神学校は昭和九年、神学生数の減少ゆえに閉鎖されてしまった。

聖公会福岡教会は市内および近郊各地に、講義所を設けて伝道していた。そのなかのひとつが成長し、大正十一年に堅粕中ノ島に会堂を建て、「博多諸聖徒教会」と称した。主教リーは大正八年に主教館を大名から住吉町春吉（現・中央区春吉）に移し、ここに主教館のチャペルを建てた。大正十四年、リーはここに主教座を移し、「春吉聖パウロ聖堂」とした。

さらに、主教リーは日本聖公会九州地方会大聖堂建設を提唱し、アルパ教会と春吉聖パウロ教会を合同して、昭和八年、福岡神学校敷地内に、アルパ大聖堂が竣工、翌年大聖堂完成記念礼拝が盛大に挙行された。かくして、両教会信徒はこの大聖堂に所属することとなり、福岡の聖公会は大聖堂と博多諸聖徒教会の二教会となるのである。

日本基督教会福岡教会

天神で発足した日本基督教会福岡教会は、定住牧師をえて順調に教勢を拡大していった。とくに、大正十年に藤田治芽が着任することで、さらに大きく発展することになる。藤田は、東京神学社校長で名著『福音的基督教』（新教出版社）で知られる、高倉徳太郎門下の逸材であった。藤田指導のもとに、この教会は同派の九州地方組織である鎮西中会において、また福岡市のプロテスタント教会のなかでも最も有力な教会のひとつに成長している。

教勢が拡大してくるにともない、教会堂の問題が発生してきた。教会員の多さに比して、

福岡城南教会

いささか狭さを感じるのみでなく、老朽化やとりわけ電車道路に直面しての騒音、そして現実に発生した事故の危険性などから、教会の移転、新築が討議されるにいたった。この計画が具体化し、大字庄字新開（現・中央区渡辺通）に土地を取得、当時としては珍らしいアーチを多用した鉄筋コンクリートの新会堂が竣工した。昭和五年のことである。

新会堂竣工の翌年、藤田は突然牧師辞任願いを提出、臨時の教会総会が開催された。審議の結果、教会員の大多数は藤田を信任し留任を求めたが、藤田の辞意は固く、つまるところ、かれの辞任は可決されたのである。

何故にこのような事態が生じたのか。新会堂建設のための資金の多くは、信徒の献金によったのであるが、不足分の大半はミッション（宣教師団）所有の土地売却によるものであった。藤田はこのようなミッションへの依存体質に疑問を抱き、真の教会形成は信徒の自主独立によるべきとの信念から一石を投じたのであった。かくして、藤田は四十数名の教会員とともに福岡教会を離れ、新たに福岡城南教会を組織することになった。このような事情から、福岡教会牧師には川崎義敏が就任し、城南教会は藤田を牧師に、それぞれ新しい歩みを開始することになったのである。城南教会はその後数カ所の移転を重ね、現在地の中央区御所ヶ谷に移るのは戦後の昭和二十五年のことである。

福岡バプテスト（浸礼）教会

福岡バプテスト（浸礼）教会は明治三十四年に組織され、佐藤喜太郎が初代牧師に就任して以来、宣教師ジョン・ウイリアム・マッコーラム、アーネスト・M・クワーンの協力をえて、順調に教勢を拡大していった。明治三十六年には、アメリカ南部バプテスト教会による九州伝道一〇周年を記念し、第一回西南部会が福岡教会で開催された。また、大名町のマッコーラム宅で神学塾が開設され、C・K・ドージャーの来福をえて、明治四十年に福岡神学校となるが、のちに東京で日本バプテスト神学校の開設により廃校となった。

しかし、大正五年、ドージャーが大名町に西南学院を創設、西新に移転後に文科、商科からなる高等学部が設置された。やがて、こうした学院関係者の間から、学院教会設立の声が増幅されてきた。その結果、大正十一年、新教会設立会議が開かれ、福岡における第二のバ

福岡バプテスト教会

プテスト教会「西南学院教会」の誕生をみるにいたった。たしかに、この教会は西南学院に職を奉ずる関係者を中心に組織されてはいるが、その動きは学院内にとどまらず、あくまでも近隣地域社会に伝道する教会として発展している。

あえていえば、とくに戦後、福岡市内外には多くのバプテスト教会が存在しているのであるが、そのほとんどすべては、この福岡教会および西南学院教会から生まれた子教会、ないしは孫教会であるといっても差支えない。

博多ルーテル教会

明治三十九年、博多大浜町（現・博多区神屋町）で伝道活動を開始したルーテル教会は、当初大学病院伝道を主眼にしていたが、やがて、名称も「博多ルーテル教会」とし、「博多町人の救霊」をモットーに、山内量平の円熟した牧会活動により、大幅に教勢伸長した。さらに、山内は宗像郡鐘崎（現・宗像市）、直方、折尾（現・北九州市八幡西区）、といった各地にも伝道所を開設し、これらがのちに教会を組織することになる。

大浜町の会堂は民家を改造しただけで、急増する信徒の礼拝には手狭となり、新会堂建設の気運が高まり、上市小路（現・博多区中呉服町）に土地を得て、大正五年に赤煉瓦造りの新会堂が竣工し、献堂式を挙げている。寛政七（一六六七）年密貿易の罪によって、一族郎党ことごとく死罪となった博多の豪商伊藤小左衛門の屋敷跡であり、キリスト教会には珍しく立派な前庭や池があり、徳川時代に築庭された茶室の庭がそのまま残っていたという。しかし、この庭園も米軍の空襲で、会堂とともに破壊されてしまった。

この教会のモットーは「博多町人の救霊」であり、宣教師ミラーの協力のもとに、「英語夜学会」という名の夜学校を開設し、博多の商店勤務の青年の向学心に応えている。この夜学会開設には、メソジスト教会からルーテル教会に転じた値賀（貞方）虎之助が、積極的にかかわっている。さらに、大正二年には、ミラーを設立申請者に幼稚園を開設、「南博幼稚園」と名づけた。

ルーテル教会は昭和に入り、市外箱崎（現・東区箱崎）に教会を誕生させている。南博幼稚園につぐ第二の幼稚園として、日曜学校分校を開設していた箱崎に幼稚園を設立、現在の

「恵泉幼稚園」である。この新幼稚園における定期集会が、やがて箱崎ルーテル教会に成長することになる。ついで、箱崎から奈多（現・東区奈多）への伝道が試みられ、ここにも幼稚園設立の動きがあったが、第二次大戦突入という時代の荒波のゆえに沙汰やみとなった。これが再度具体化するのは、戦後になってからのことで、「奈多愛育園」として実現している。

その他のプロテスタント諸教派教会

右にのべた諸教会は明治期に福岡伝道を開始した教会であり、大正・昭和期にかけて、教会堂の整備充実とともに、福岡市の内外に子教会を誕生させている。この時期になると、福岡市の九州における政治、経済、文教、とりわけ大陸との関係での地位の上昇にともない、これらの諸教派以外のプロテスタント諸教派教会も福岡伝道を手がけることになるのである。その二、三の例を記しておこう。

（一）ユニークな軍隊組織を取り入れている救世軍が、三名の兵士により福岡小隊を開設したのは、一九一三（大正二）年のことである。救世軍はイギリスのメソジスト派牧師ウイリアム・ブースが創設した伝道会であり、社会救済運動を展開し、日本では『平民之福音』（救世軍出版供給部）の山室軍平がよく知られている。今日も、年の瀬になると、福岡の中心・天神で「社会鍋」という歳末募金を訴える、救世軍兵士の軍服姿をみかけるので、知る人も多々いることであろう。

(二)セブンスデー・アドベンチスト教会は、明治末期に福岡でパンフレット配布を試みているが、本格的福岡伝道は、一九一五(大正四)年以降である。天神や春吉で天幕伝道会を催し、鳥飼に集会所を設け、これがやがて福岡教会を組織する。この教会はその名の示すごとく、「セブンスデー」、つまり、日曜日から数えて七日目の土曜日を聖日(安息日)とし、キリストの再臨を待望する終末信仰を強調する。それゆえに、のちにのべるように、とくに戦時中は特高警察の監視がきびしく、当時の牧師今村正一は逮捕されたのち死亡、教会も閉鎖され、一切の宗教活動が禁止されている。

(三)日本的キリスト教ともいえる内村鑑三の流れをくむ無教会派による、聖書研究会が福岡で開かれたのは昭和六年のことである。内村の弟子田中謙治が高畑町(現・中央区高砂)の自宅で、聖書集会を開催したのがこの研究会の発端である。主催者の田中による聖書講義が中心であったが、塚本虎二、黒崎幸吉あるいは東京大学総長の矢内原忠雄といった、無教会派グループの指導者を招いて、講演会をしばしば開催している。

(四)大正十二年吉塚の一借家に、牧師呉沢寛と福岡在住の朝鮮半島出身キリスト教徒が集り、福岡に居住する同胞への伝道を開始した。その結果、昭和三年に「朝鮮耶蘇教福岡教

在日大韓基督教会福岡教会

会」の名称で教会を設立、昭和六年に吉塚天満町（現・博多区吉塚）に最初の教会堂を建設した。今日の博多区千代に所在する在日大韓基督教福岡教会の前身である。

プロテスタント教派連合

大正から昭和期に入ってから、福岡のプロテスタント・キリスト教界で顕著にみられる特徴は、教派の壁をこえた協力態勢の動きである。もちろん、すでにのべたように、明治期にあっても、組合、メソジスト、聖公会の三教会による協同の傾向は強くみられた。教派教会数が増加してきたこの時期になると、プロテスタント諸教会は教派の枠をこえて、さらにいっそうの協力関係がみられる。かつてと同様に、連合祈禱会や特別伝道講演会などが高い頻度で開かれている。

連合祈禱会はすでに明治期から実施されていることは、前にのべたところである。各教会持ち廻りで会場を提供し、担当説教牧師を指名して、年頭の初週祈祷会、あるいは毎月第一水曜夕の月例連合祈祷会が開催されている。

また、この時期には、福岡のプロテスタント教会が連合しての特別連合集会・講演会がしばしば開催されている。そのひとつの動きは、大正三年にはじまる「全国協同伝道」であり、プロテスタント諸教派を総動員して行われた大伝道運動である。福岡でもこれに呼応して、学校や官庁、公会堂などで講演会が教会支援のもとに行われた。講師としては、同志社の宮川経輝、メソジスト教会監督の平岩愃保といった当時のキリスト教界の重鎮、名説教家が来福している。

自伝的小説『死線を越えて』（社会思想社）の著者として知名度の高い賀川豊彦が、昭和五年から三年間全国的に展開した「神の国運動」に際して、福岡でも「神の国委員会」が組織され、全面的な協力を惜しまなかった。昭和七年には賀川自身が福岡に来り特別大講演会が市記念館で、多数の聴衆を集めて開かれた。賀川はさらに九州大学工学部の講堂でも講演している。この折の賀川の演題は「科学と宗教の調和」であったということである。

博多港は大陸と至近の距離にあることから、貿易とりわけ大陸進攻上軍事的にも、重要な港湾として設備の拡充が求められ、昭和六年にいたり大改築の大工事が着工された。道路、鉄道引込線、倉庫などの陸上部門がほぼ完成した昭和十一年、この大事業を記念する博多築港記念大博覧会が、須崎裏で五十日間開催されることになったのである。

これを機会に、市内の基督教連合は記念の特別伝道を博覧会会場で実施した。会場に「基督教伝道館」を設け、説教会、レコード・コンサートなどを催し、各国語聖書を展示し、トラクト（伝道用の印刷物）を配布したり、「休憩所」で茶湯の接待をしている。これらには、市内各教会信徒が適宜参加し、協力を惜しまなかったという。会期中、この伝道館を訪れた人は一万三千余名にも達し、配布したトラクトは六万部以上にのぼったと伝えられている。

右にのべたような、教派を超えた協力・協調の動きは、とりわけ、明治四十三年、イギリス・エジンバラに開催された、世界宣教会議の決議である、各教派間の協調体制の強化に、影響されたところが大きいといわれている。その具体的成果のひとつが、翌年の「日本基督教会同盟」の設立であり、大正十一年には、「日本基督教連盟」が結成され、各教派の協力関係がひろく推進されていったのである。このような組織が、やがて第二次大戦直前、日本政府の主導による「日本基督教団」成立への推進母体ともなるのである。福岡においても、このような組織に後押しされての教派連合による活動が、のちにのべる日本基督教団形成時に、格別の混乱もなく比較的平穏に、新体制に移行できた素地を提供していたともいえるであろう。

大名町カトリック教会

大名町カトリック教会は、創設当初は南日本代牧区に、そしてのちには長崎司教区に属していた。昭和二年、ローマ教皇庁布教聖省では、九州一円を管轄していた長崎司教区を、カトリック信徒が多く存在している長崎県のみとし、福岡、佐賀、熊本、大分、宮崎の五県を分離して福岡司教区とした。のちに、大分、宮崎は福岡司教区から独立して宮崎司教区となった。この教区改編にともない、福岡司教区は長崎司教区の司教総代理フェルディナン・チリーを初代司教に迎え、引続きパリ外国宣教会の司牧に託された。

チリーは長崎浦上教会で司教に叙階され、昭和二年に着座式が大名町教会で行われた。このとき以来、大名町教会に司教座がおかれ、福岡司教区の司教座聖堂（カテドラル）となった。チリーは宣教師たちが「平和の丘」「カトリック山」と呼んでいた、薬院から平尾にかけての丘陵地（現・中央区御所ヶ谷、浄水通）約三万坪を、宣教会の援助をえて購入したのである。先見の明のあるこの功績のゆえに、やがてこの地に司教館が建てられ、教区立小神学校、さらには女子商業学校（現・雙葉学園）が設立されることになるのである。

このように、福岡司教区発展の基礎を築いたチリーであったが、病魔の冒すところとなり、在任わずか二年余、四十五歳の若さで帰天したのである。第二代司教は東京大司教区からアルベール・ブルトンが着任した。かれは第二次大戦に際して外国人神父の辞任要求が当局よりあるまで、福岡司教として、今日の上智福岡中学高校（旧・泰星学園）の前身ともいえる福岡小神学校を設立するなどの重責を果たした。この神学校は昭和七年に来福した、パリ外国宣教会総長ケブリアン大司教の名にちなみ、「ケブリアン小神学校」とも称され、大司教が胸にかけていた十字架を模して校章とした。

他方、大名町教会は昭和六年、司祭としてフランソア・ドルエを迎えた。日本全体が軍国主義化し、思想統制がきびしさを増すなか、ドルエは積極的にまた果敢に伝道に努め、わずかの期間で信徒が倍増するという成果をおさめている。教勢の拡大に尽力したドルエは、健康を損ねて退任したのち、主任司祭の交代が続いた。しかし、きびしい時代の荒波にもかかわらず、信徒は増大の一路をたどり、昭和十一年には、一千名を越す信徒を擁する教会となったのである。

この信徒の増大にともない、ベレールによって建てられた築後四十年を経過した赤煉瓦の聖堂は、手狭となったばかりでなく、白蟻の被害も大きく、カテドラルにふさわしい聖堂の建設が望まれた。かくして、主任司祭フレデリック・ボアは新聖堂建設を決意するにいたり、フランスに一時帰国して建築資金を募集し、信徒の献金と合せて新聖堂と司祭館を建てた。献堂式は昭和十三年、福岡司教ブルトンの司式のもとに盛大にとり行われた。

戦時下の福岡キリスト教

日本基督教団の成立

大正期から昭和初期にかけては、いわゆる大正デモクラシーと呼ばれて、相対的に自由な雰囲気がみられた時代であった。とはいえ、その底流には反動化と右傾化の動きが、執拗にうごめいていたことは否定できない。前節にのべたように、昭和六（一九三一）年に満州事変が起こって以来、急激な軍国主義色が濃厚となり、昭和十一年の二・二六事件、さらには翌年の日中戦争勃発以降、軍部は天皇の神格化をいっそう強化し、ファッシズム体制を確立していったのである。

国家の支配層は、非常時、挙国一致、国体明徴を唱え、とりわけ宗教・思想の統制を強化し、軍備を拡大し、ついに「大東亜共栄圏」樹立の旗印のもと、無謀な太平洋戦争に突入した。昭和十六年のことである。この動きは「治安維持法」あるいは「宗教団体法」の発布に反映され、ことのほか欧米の宣教師とのかかわりが深いキリスト教を、「敵性宗教」とみなし、政府官憲、時局上とくに設置された特高警察による監視・干渉は、きびしさを増し加えてきたのである。

昭和十四年に国家が保護監督するとの名目で、宗教教派・宗派を国策にそって統制することを目的とした、「宗教団体法」が帝国議会を通過、翌年実施されることとなった。かくして、政府の強い要請によって、日本のプロテスタント・キリスト教の統一的組織の形成がはかられたのである。キリスト教の側でも、日本基督教連盟を中心に、この動きに迎合する風潮が存していた。そして、昭和十五年、皇紀二千六百年記念基督教信徒大会が東京青山で開催された折、「全基督教会合同の完成を期す」旨の宣言を採択している。ここに教会合同の第一歩が踏み出されたのである。

政府とりわけ直接の指導監督官庁である文部省の強力な圧力も加えられ、日本のプロテスタント諸教派は、昭和十六年の「日本基督教団」の成立に、こぞって参加することになった。当初は各教派の特色、独自性が何らかのかたちで生かせる、といった配慮から部会制がとられていたが、この部会制は翌年に廃止され、完全合同となったのである。

福岡においても、これまでのべてきたように、市内基督教連合の名のもとに、各教派の枠をこえての連合祈禱会、特別伝道講演会などを催していた経緯がある。したがって、新しく成立した日本基督教団に市内すべての教会が属する、という動きに対しても格別の混乱もなく、むしろ当然のなりゆきとして受け入れられたようである。合同前夜の昭和十五年の紀元節に、東京での皇紀二千六百年記念の基督教信徒大会に呼応して、市内基督教連合主催で、記念祝賀大会が福岡女学校（現・福岡女学院）において、各教派の多くのキリスト教徒を集めて開かれている。このすがたは福岡のプロテスタント諸教派が、教会合同に対して積極的な肯定の姿勢を示していたということができよう。

新教団に所属するということになれば、旧教派名を冠した旧来の教会名を変更しなければならない。福岡においては、各教会から牧師および信徒による代表者会が開かれ、新しい教会名にその教会の所在地名を用いることが決定された。たとえば、組合教会は警固教会、メソジスト教会は中部教会、日本基督教会は渡辺通教会、バプテスト教会は城北教会、ルーテル教会は博多市小路教会といった具合に改称された。これらの教会名は、今日でも、日本基督教団に所属している教会名として用いられていることは、周知の通りである。

ただし、聖公会にあっては日本基督教団加入ではなく、独立した教団維持を意図したが認可されず、各個教会が単立教会として存続する方針がとられた。そのため、福岡聖公会信徒は「福岡中央教会」、博多諸聖人教会信徒は「博多聖公教会」と名称を改めた、単立教会信徒となったのである。のちに教団との合同問題が再燃して、両教会とも教団に加入することになり、前者は「城東橋教会」、後者は「博多教会」と改称した。

ともかく、すでに超教派の市内基督教連合との名称で、連合祈禱会やその他の集会を協力して開催するなど、長期にわたる協調関係を経験してきた福岡の教会合同劇は、とくに混乱もなく、比較的スムースに新体制に移行したと思われる。これら福岡市の諸教会は、「日本基督教団九州教区福岡県支教区福岡市分教区」と位置づけられた。

参考のために、日本基督教団成立直前の昭和十五年の、福岡市および近郊町村に存在した各教派教会（伝道所・講義所をふくむ）の数をあげておこう。この数字は、教団成立後の教会数ともいうことができよう。その後、数度にわたる町村合併があり、今日の行政区画との異りはあるが、そのまま記しておく（数字は福岡市、近郊町村の順）。

日本基督教会二・〇、組合教会一・〇、メソジスト教会一・二、聖公会二・二、バプテスト教会二・〇、ルーテル教会一・一、朝鮮教会一・〇、その他六教派六・〇、単立教会二・〇、カトリック教会一・〇である。合計すれば、福岡市内には十四教派十七教会、単立二であり、近郊町村には五となっている。この数字からみると、当時のキリスト教が（今日もそうであると思われる）、いかに都市部に集中し居ていたかを知ることができよう。

もちろん、日本基督教団はプロテスタント系諸教派による合同教会であり、カトリック教会が加入したわけではない。カトリック教会では文部省の指導もあり、「宗教団体法」にもとづき、法人格を有する各教区の連合体として「日本天主公教団」を設立、初代統理者に土井辰雄東京大司教を選出した。外国人宣教師が教会の要職に就くことが禁じられたからである。同じ理由で、福岡司教区にあっても、ブルトン司教はその職を辞し、代って当時泰星中学校校長の深堀仙右衛門神父が教区長に任命され、大名町教会で着座式が行われた。カトリック教会の名称が復活するのは戦後のことである。

受難のキリスト教

宣教師の場合

日本をとりまく国際情勢は悪化の一路をたどり、とりわけ日米関係の険悪化が加速されてくるにともない、日本で伝道に教育に従事していた宣教師たちは、多くの困難に直面することとなった。つまりキリスト教という「敵性宗教」を、日本にもたらした張本人にほかならず、ときにはスパイとしての嫌疑を受け、官憲より取り調べられたりという事態すら生じ、宣教師の帰国・引き揚げがはじまった。長年、メソジスト教会に関わってきたロバート・スペンサー、父親のアーサー・ハッチンソンに続いて福岡聖公会に仕えたアーチバルド・ハッチンソン、ルーテル教会のエンス・ウインテル、あるいは福岡女学校で長年教鞭をとっていたジャネット・マケルビー、ローラー・チェース、西南学院創設者C・K・ドージャーの子息エドウイン・ドージャーなどが、日米の開戦を前に帰国を余儀なくされている。

ルーテル教会の婦人宣教師ヘレン・シャークは、南博幼稚園、恵泉幼稚園といった幼稚園教育に深くたずさわった宣教師である。郊外の奈多（現・東区奈多）を訪ね、ほどなく開設した教会学校を通して子供たちと親しくなるにつれて、奈多に幼稚園の創設を願い、土地購入や資材確保などの準備をはじめた。ところがある日、憲兵隊に呼び出されて、奈多一帯への立ち入りを禁止された。雁ノ巣海軍飛行場を探るスパイ容疑のゆえだったという。シャークは止むなく幼稚園設立の計画を中止し、心残りのなかにアメリカに帰った。シャークのこの悲願は、戦後「奈多愛育園」として実現している。

とくに福岡に限った話題ではないが、『特高資料による戦時下のキリスト教運動』（新教出版社）につぎのような記事がみられる。「日米関係は頓に緊急せる為、敵性国宣教師の引揚は俄かに増加し、本年（一九四一年）一月以降十二月八日の大東亜戦争開始の間に引揚げたる敵性国宣教師の数は一七五名（全部プロテスタント派）算するに至れり。因に戦前（本年十月二十日現在）我国に在留せる宣教師の概数は天主公教会五九七名（他に修道院に在る修道者三四二名）あり。日本基督教団関係九十二名、聖公会其他の関係者四十名、総計七二九名なり」と。

この記事からすれば、開戦前に帰国した宣教師のすべてはプロテスタント教会の宣教師であり、カトリック教会宣教師はその時依然日本に滞在・残留していたのであろう。残留した福岡の前司教ブルトンも、また大名町主任司祭ボアも、ともに特高警察の取調を受けて司祭館に軟禁され、のちに阿蘇栃木温泉に五十名近くの外人宣教師とともに抑留されたとのことである。

牧師の場合

思想統制がきびしさを増すなか、とりわけ日本人牧師に対する弾圧や嫌がらせも、格段とはげしさを増していった。私服の特高警察や憲兵が、信徒にまじって礼拝に出席、牧師の説教に「現人神」天皇に対する不敬発言、あるいは時局に対する不穏な批判発言がないかと、耳をそば立て、監視の目を光らせた。当時の牧師のほとんどは、ちょっとした言葉尻に難癖をつけられ、警察署で夜を徹する過酷な取り調べを受けたといわれる。

ある牧師はそのころのことをつぎのように述懐している。「戦争遂行という国家の至上命令に、教会ははがいじめにされて、今にも胸部の骨が折れそうに思えました。何とかして、ワナに陥入れようとする特高警察や憲兵の度重なる訪問に、若い私の神経を疲れさせました」と。

福岡市における具体的な牧師の事例を一、二紹介しておこう。

福岡中部教会牧師であった大野寛一郎は、小冊子「戦時中の思い出」のなかで当時の弾圧のすがたを、およそつぎのようにのべている。大野は毎週教会前の掲示板に聖句を書くのを常としていた。ある日「人に事ふるが如くせず、主に事ふる如く心より行へ」(コロサイ書三・二三)と書いたところ、さっそく憲兵隊に呼ばれ「現人神に仕えないで耶蘇の神に仕えよ」とはどういうことか、と詰問された。また、あるとき「汝らキリスト・イエスの心を心とせよ」(ピリピ書二・五)と書いたところ、憲兵中尉に呼び出され、「キリストの心というのは平和主義のことだろう。この戦争の最中にキリスト・イエスの心を心とせよ　というのは、戦争を止めよということか」と攻めたてたという。

さらに『特高資料による戦時下のキリスト教運動』によると、「基督者の要注意言動」として、当時天神にあった超教派の伝道団体、福岡新生館牧師坂根利永の発言要旨が記載されている。「基督教の歴史を顧みれば、国家が助長し厳重なる監督をすることになれば、却って勃興はしない。之れと反対に弾圧があり迫害があれば、非常な勢で勃興するものである。吾々クリスチャンは此際、基督教に対する弾圧迫害を寧ろ歓迎して居る次第である」と語ったと。この「要注意言動」のゆえに坂根はくり返し執拗な取調べを受けたという。

昭和十七年のある日のこと。舞鶴町にあったセブンスデー・アドベンチスト教会を数名の特高警官が急襲し、牧師今村正一を治安維持法違反容疑で逮捕留置した。キリストが再臨する終末の日の近いことを、説教で説いたためだという。同時に教会は閉鎖され、一切の宗教活動も禁止された。今村は留置場の不潔さと、昼夜を問わぬ過酷な取り調べと拷問のため衰弱し、急性腎臓炎を発病して重態となり、自宅送致となったが、その夜息を引きとった。

また、この年今泉町の日本聖教会（ホーリネス教会）牧師の桑原福三も逮捕されている。聖教会の教役者たちが日本基督教団加入を拒否したことによる「宗教団体法」違反、およびキリスト再臨による神の国・千年王国の教義が、天皇の統治権を否定し、国体変革を企てる危険思想を説くものとして、「治安維持法」違反に問われて一斉検挙された折に、桑原も同じ容疑で逮捕されたのである。福岡地方裁判所での公判の折に、判事は「キリストが再臨し、全世界を統治することになったら、日本の天皇はどうなるのか」と追求したという。

反キリスト教運動

もちろん、このような特高警察あるいは憲兵隊によるキリスト教、とりわけ宣教師、牧師に対する迫害・弾圧のみでなく、当時の戦時下という社会風潮に醸成された強硬な反キリスト教的感情が、福岡市民の間にもかなりひろく存していたことは否定できない。その事例一・二を記しておこう。

昭和十五年秋のことである。「興亜青年連盟」という国粋主義団体の福岡支部は、西中洲公会堂において「基督教撲滅大演説会」を開催した。弁士は口々に反キリスト教的主張を論じ、次いで主催者は九州帝大総長荒川文六をはじめとする、キリスト教徒教授たちの即時退任、市内のキリスト教学校の即時閉鎖など、数カ条の決議を提唱した。最後に、「基督教撲滅の為、九州の聖地から其の烽火を挙げる意味で天皇陛下万歳」の三唱を場内にはかった。

このとき、前記大野寛一郎が憤然と起立し、大声で抗議したが強行されたという。しかし、場内は騒然となったため、警察官が出て取り締り、大野および西南学院学生十名程が検束されたということである。ちなみに、荒川文六本人のもとにも「基督教を棄てるか、総長の椅子を去るか何れか選べ」という脅迫文が、しばしば送付されてきたともいわれている。

また、G町では町民大会を開催して、町内にあった某キリスト教会の「即時当町より立退き」を決議している。すなわち「吾々町民は聖戦の完遂に国体明徴、大政翼賛、臣道実践に邁進しつつある折柄、去る（昭和十六年一月）十五日夜に於ける教会の街頭宣伝は神仏の尊厳を冒瀆し、国民の崇敬せる偉人傑僧を誹謗せるは吾等皇国の民として断じて許す事を得ず、依って此際速やかに当町より立退くべし」と。しかし、この教会は断固として立退きを拒否したという。

多くの教会には、キリスト教を悪しざまに表現した落書被害もかなりあるようである。「キリスト教は日本を去れ」(アルパ教会)、「キリストはスパイだ」(大名町カトリック教会)などである。大名町カトリック教会赤煉瓦聖堂の正面にあったステンド・グラスの鉄枠の模様が「菊の御紋章」に似ている、という理由から取り外しを命じられたこともあったとのことである。

戦争も末期になると、空襲警報がしばしば発令されるし、夜は灯火管制が要求されるなど、キリスト教徒は教会での日曜礼拝、とりわけ夜の集会には出席が困難になってきた。かれらにはつねに「非国民」のレッテルが貼られて嫌がらせが続いている。礼拝を欠席して自己の信仰を隠すこともみられた。ましてや、公然と伝道することなどできず、まさに「かくれクリスチャン」とでもいわなければならない存在であった。

そうであれば、教会における日曜礼拝の出席者が激減するのも、至極当然のことである。福岡の代表的教会のひとつ、中部教会の例をみても、「最盛期には二百名に及んだ礼拝出席者も極度に減少して十名から五、六名となり、時には一名の信徒と牧師の礼拝の日曜日もあった」という。この時期には、数名の出席者による日曜礼拝というのがほとんどであり、なかには牧師とその家族のみということもあったといわれている。たしかにキリスト教受難の時代だったのである。

今日の福岡キリスト教

一五〇万都市福岡

昭和二十（一九四五）年八月六日に広島に、そして九日に長崎に原爆が投下されるにおよび、日本政府はポツダム宣言を受諾することを決意した。連合国に無条件降伏をする旨の「終戦の詔勅」が、十五日に全国に放送され、多大の犠牲と荒廃とを招いた太平洋戦争は終りを告げた。かくして、戦争中の息苦しい軍国主義的国家体制は一挙に崩れ去り、ようやくにして平和と自由とが甦ったのである。

無条件降伏という不安な社会状況と貧窮のなかではあったが、再建の槌音が焼け跡に力強く響きはじめた。やがて、焦土のなかから新天町、綱場町、川端町といった商店街が整備されてくる。戦災後の都市復興計画も立案され、福岡市の骨格としての主要幹線道路網確立のため、博多駅築港線（大博通）および渡辺通を縦軸に、東西を貫ぬく博多姪浜線（昭和通）を横軸に配置した。この三本の幹線道路に主要街路を連結させたのである。

近代都市造りを進める福岡市は、戦前から周辺町村との合併を進めてきた。戦後もさらにこの傾向は続き、戦後十年を経た昭和三十年には、人口が五〇万を突破し、特別市政の要件を備えるにいたった。町村合併はいっそう進み、昭和四十七年川崎市、札幌市とともに、政令指定都市となり、行政的に区政を採用することとなった。

このように、市域の広域化のゆえに人口もさらに増加し、とくに近郊都市からの通勤・通学者が増加するにともない、昭和三十七年には西鉄福岡駅が全面的に改修された。さらには、大丸そして三越といったデパートが天神に開店、渡辺通の拡張とも相まって、大型店舗やビジネス関係のビルが立並び、天神一帯の景観が一変した。地下鉄の開通もあって地下街も整備拡張され、天神界隈は福岡市の、いな西日本随一のビジネス、ショッピング・センターとして機能し、九州全域からの買物客を集めている盛況ぶりである。

昭和五十年には、新幹線の博多乗入れが実現し、東京が一日行動圏に入るなど、福岡の社会、経済、文化の諸面にあたえた波及効果は、計り知れないものがあるといえよう。例の「辛子めんたい」が博多名物として全国区となったのも、新幹線のおかげであるという。さらに、平成二十三年九州新幹線の開通にともない、大福岡市の玄関口博多駅は再度の大改築を行い、大阪の阪急デパートが出店するなど、天神に劣らぬショッピング・センター化してきている。

このように、福岡市は西日本における中核都市として、急速な発展をとげている。明治二十二年に福岡市が市制を施行した折には、面積五平方キロ、人口は長崎、熊本よりも少い五万強であったにすぎない。しかしながら、今日にあっては、周辺町村との数度にわたる合併を重ねた結果、面積にして三三五平方キロと約七〇倍に拡大し、人口では一五〇万に近く約三〇倍ほどにも達している。さらに、福岡市域内における人口移動状況をみると、都心部での市街化が伸展するにつれて、居住形態は周辺地域に移動するという、いわゆる「ドーナツ化現象」を呈していると思われる。とくにこの傾向は、バス網に加えて交通機関との関連で東部（鹿児島本線沿線）および南部（西鉄大牟田線沿線）にいちじるしくみられるという。かくして、市域の拡大はいっそう大きなものとなり、周辺の衛星都市をふくめて、二百万の広範な福岡大都市圏を形成しているということができよう。

右にのべたような発展を続ける福岡市であれば、文化的にも充実がみられるのは当然である。戦禍によって荒廃した学校教育も、平和体制に復帰するとほどなく、徹底した教育の民主化が進められた。「野球ばかりが強くなり」と語られた「六三制」および男女共学制も、今日では完全に定着している。中等学校、高等女学校は高等学校となり、高等学校や専門学校もそれぞれ大学に昇格した。現在では、旧来の九州大学に加えて、西南学院大学、福岡女子大学、福岡教育大学等々が新しく誕生、福岡都市圏では十指を超える大学が、教育と研究の活動を展開し、西日本最大の文教都市を形成している。

もちろん、こうした大福岡市にふさわしく、大濠公園には福岡市美術館が、ヨカトピア跡地には福岡市博物館が、といった具合にすぐれた文化施設が設置されており、種々の催しで多くの市民の文化的欲求を充たしている。また市内には、NHK、九州朝日放送、RKB毎日放送などの放送局も存しており、市民に日々ニュースや娯楽番組を提供している。

のちにいくらか詳しくのべるが、福岡市のキリスト教という視点でみるならば、市制施行時の明治二十二年のキリスト教会は、組合教会、メソジスト教会、聖公会そしてカトリック教会と五指にも満たない教会数にすぎない。この頃は市域も狭く、人口も五万程であった。ところが、それから一二〇年余を経過した今日では、市域は三三五平方キロ、人口は一五〇万を越えようとしている。この市域の中には、百近くのキリスト教会が存在しているのである。さらに、周辺の諸都市では四〇余りの教会を数えることができる。広域化したとはいえ、市制施行時のキリスト教と比較して、大きく異なっているすがたをみることができるのである。

プロテスタント教会

キリスト教ブーム

第二次大戦中に苦難を強いられた時期を体験したキリスト教界は、終戦によって、ファッショ的な国家権力による強力な拘束、「天皇＝現人神」という神話的呪縛と官憲による弾圧から解放された。ここにキリスト教は急速な復興の歩みをはじめることになるのである。連合国軍総司令部は、日本のキリスト教会を強固に拘束していた「治安維持法」と「宗教団体法」をいち早く廃止した。そして、戦後の民主主義を推進する占領政策の要として、キリスト教会に全面的な好意を示し、さまざまな便宜を提供したのであった。また、アメリカの教会からもさっそく、慰問親善使節団が来日、戦時中の状況を調査し、かつ戦後の復興について懇談協議を重ね、多大の援助を約束している。

こうした背景のなかにあって、アメリカのキリスト教各教派は、競って戦災で焼失した教会にはジュラルミンの簡易礼拝堂を贈り、あるいは日本語聖書、賛美歌その他の物質的援助を惜しまなかった。日本のキリスト教が戦禍からいち早く復興してほしいとの祈りと願いからであった。これに呼応するかのように、今や脚光をあびたキリスト教は、驚異的な進展を示したのである。とくに、キリスト教と結合したアメリカへの憧れとでもいえる一種の「拝米主義」すらもみられた。いわゆる「キリスト教ブーム」と呼ばれる現象である。キリシタン時代と明治文明開化期とならんで、日本キリスト教史上第三の発展期を迎えたといってもいいだろう。

他方、この時期のキリスト教界で、大きな悩みのひとつは教会堂の問題であった。つまり、戦災に遇わなかった教会はともかく、戦災で焼失した教会は、キリスト教ブームにのって礼拝に出席する多くの人々のために、一刻も早く受け皿の教会堂を造らなければならないことであった。

たとえば、市小路にあった赤煉瓦造りの博多市小路教会（ルーテル）は、戦争末期に強制疎開のため立退きを要求され、教会堂は軍関係の工場として使用されていた。しかし、福岡大空襲の折に焼失、瓦礫の山と化してしまったのである。礼拝は近くの南博幼稚園で続けられたが、戦後の昭和二十三年、下鰯町（現・博多区須崎）の現在地を購入し、ヴォーリス設計による新会堂を建設して多くの人々を迎え入れたのである。同じく、旧バプテスト派の福岡城北教会も大空襲の際に焼失、荒戸町に新会堂を建設している。こうした例は他にもみることができる。

ともあれ、戦後のキリスト教ブームは多くの市民、とくに青年層の足をこのように再建されつつあった教会へと向かわせた。戦時中はわずか数名の出席者で細々と続けられていた日曜礼拝は、今や、会堂に満ち溢れんばかりの盛況を呈したのである。戦災被害を受けたとはいえ、福岡における代表的教会、福岡中部教会の記録（『福岡中部教会百年史』日本基督教団同教会）をみてみよう。

博多ルーテル教会

戦前の「最盛期には二百名におよぶ礼拝出席者は、極度に減少して一〇名から五、六名であった戦時下と比較して、終戦直後の昭和二十一年には、平均八五名、翌二十二年には平均一五〇、夕拝二〇、祈禱会一〇、受洗者・転入者合せて六四名の多きに達」しているという。昭和二十五年には、「受洗者七九、平均して礼拝二〇〇、夕拝二〇、祈禱会七で、礼拝出席者数は最高」と記されている。これに近い状況は、おそらく、ほかの多くのキリスト教会においても観察されたことと思われる。

とくに、戦前から福岡に居住して伝道活動に従事し、戦時中帰米を余儀なくされていた宣教師が続々と帰福し、バイブル・クラスなどを通して活躍した事実も忘れてはならないであろう。戦後一時期流行した一種の拝米主義が、かれら宣教師の活動にプラスしたことは否定できない。

ところで、昭和二十六年のサンフランシスコ平和条約締結ののち、このような急速に拡大する教勢、つまり「キリスト教ブーム」にかげりが見えはじめる。いわゆる日本社会の反動化現象と戦後の日本社会の混乱期が、とりわけ精神面において、ともかく一段落したことと関連があると思われる。従来、キリスト教はとくに都市部中心に伝道戦線を拡大してきた、とよくいわれている。しかし、社会全体の急激な都市化的状況、とりわけ高度経済成長期におけるそれと対応して、ほかの都市型新宗教、たとえば創価学会や立正佼成会などとは大きく異なり、組織的に伸長することができなかったことで、さしものキリスト教ブームも完全に終わりを告げたのである。かくして、今日のキリスト教会にあっては、教勢の大きな増加はほとんどみられなくなり、安定したというよりむしろ教会員の高齢化の進行のゆえに、一部の教会を除いては、概して衰退の傾向をすら感じさせている現状である。

日本基督教団からの離脱問題

戦後のキリスト教ブームの只中にありながらも、大きな変化を体験しなければならなかったのは日本基督教団である。教団の成立がすべて国家権力への屈服であったとはいえないにしても、教会合同の直接的契機が、国家の強制に近いものであったことは否定できないであろう。

日本基督教団成立当初は、各教派のもつ固有の信仰箇条、組織の歴史や特質、あるいは伝道方策といった教理上、慣習上の異なりから、部会制が採用されていた。しかし、所轄官庁である文部省の強い指導のもと、一年余ののち、この部会制は廃止ということになり、有無をいわさぬ統一がはかられたのであった。

福岡城東橋教会

ところが、戦後こうした国家による教会統合の強制を促した「宗教団体法」が廃棄され、自由な判断と行動が許されることになった以上、強制によって日本基督教団に合同していた諸教派の一部が、それから離脱の方向へ向かうのはむしろ当然というべきであろう。離脱することにより、その教派が有している独自性が、自由にまた積極的に発揮されうることも否定しがたい事実である。とくに、アメリカの母体教派との関係が濃厚な教派にあっては、とりわけ人的財的な面において、教団を離脱した方が有利であるとの事情も考慮されたようである。

戦後の福岡のキリスト教においても、このような日本のキリスト教界の動向と無関係ではない。日本基督教団を離脱した福岡の主要な教会について記しておこう。

終戦直後の昭和二十年十二月に、日本基督教団離脱を決議して独立組織を再形成した日本聖公会では、教団に属していた旧聖公会の「博多教会」が、翌年教団を離れて「日本聖公会福岡教会」と改称している。かつては日本聖公会に属していた「福岡城東橋教会」は、一部の信徒が聖公会復帰を希望し、博多教会とともに聖公会福岡教会の組織に参加している。しかし、城東橋教会そのものは教団に残留、今日も教団所属教会として存在している。

同じくこの年、日本バプテスト連盟が結成されているが、旧バプテスト派の「福岡城北教会」および「西南学院教会」「福岡バプテスト教会」は、ともに教団を離脱して、バプテスト連盟加入を決定している。前者はもちろん、「福岡バプテスト教会」と名称を改めている。同様に、旧ルーテル派の「博多市小路教会」および「箱崎教会」もまた、日本福音ルーテル教会の復活にともない教団を離れている。市小路教会は旧来の名称を復活させて「日本福音ルーテル博多教会」と称している。福岡城南教会は日本基督教会の成立にともない、昭和二十八年同教会に所属すべく教団を離脱している。その他、戦前から福岡に存在して活動を行っていた救世軍など、いくつかの教会も、旧所属教派の教団からの独立によって、教団をはなれてそれらに参加している。

日本基督教団を離脱することなく、今日も教団における主要な構成体をなしている旧教派は、メソジスト教会、組合教会そして日本基督教会である。ちなみに、これを福岡における主たる教会でいえば、福岡中部教会（旧メソジスト教会）、福岡警固教会（旧組合教会）、福岡渡辺通教会（旧日本基督教会）などである。

伝道圏の拡大

福岡のキリスト教諸教会では、信徒数の増加のみでなく、伝道対象人口の広域化という動きに対応する伝道方策がとられ、とくに市の周辺部から郊外地へむけられた教会の新設をみることができる。日本基督教団関係では、福岡の都心部に位置し、すでに百年をこえる歴史を有する福岡警固、福岡中部、福岡渡辺通教会などが母体となって、新たに福岡女学院（昭和二十一年創立）、西福岡（昭和二十二年同）、福岡玉川（昭和二十五年同）、福岡弥生（昭和二十九年同）、福岡南（昭和三十六年同）といった諸教会が設立されている。

『日本基督教団年鑑』（二〇一一年度版、日本キリスト教団出版局）によれば、福岡地区（福岡市および周辺諸都市）に存在する同教団所属教会は十八教会である。そのうち、明治・大正期に設立された都心部の教会は五、残りの前原教会（大正九年創立）、および津屋崎教会（同年創立）の二教会を除く十一教会は、都心部から離れた周辺部での、戦後の創設である。

戦後の一九四〇年代後半に四教会、五〇年代も同じく四教会、六〇年代に二教会、七〇年代以降の新設教会は九〇年代に一教会である。ということは、いわゆる「キリスト教ブーム」期に、多くの教会が設立されたのは当然であるとしても、その後の福岡都市圏の拡大にともなう伝道圏の拡張に、それなりに対応してきた事実を物語っているといえよう。

もちろん、戦前から福岡に存在した教派も、戦後新たに都心部をはなれて周辺部に教会を設立している。新たに教会を増設した教派として、右にのべた日本基督教団を除くと、ルーテル教会、日本聖公会などがある。前者ルーテル教会は二日市、聖ペテロ、福岡西といった教会を、後者聖公会は宗像聖パウロ教会を設立していることなどである。

福岡では、戦前から存在していた諸教派教会に加えて、戦後新たに多くの教派が福岡で伝道を開始している。日本改革派教会、日本イエスキリスト教団、日本アライアンス教会、日本メノナイト教会などである。さらにはいずれの教派にも属さない単立教会も存在している。かくして、戦前には二十にも満たなかった福岡のキリスト教会の数であったが、今日ではカトリック教会十二、プロテスタント系教会八十一と、合計すると百に近い数の教会が福岡市域に存在しているということである。

福岡市およびその近郊都市における、教会設立の多さに関して注目されるのは、日本バプテスト連盟加盟の教会である。戦前には明治三十四年創立の福岡教会、そして西南学院創設にともない、大正十一年に福岡教会から分離独立した、西南学院教会の二教会にすぎなかったバプテスト派である。ところが戦後、とりわけ牧師伝道者養成を目的とする神学部が、西南学院大学に設置されるという事情もあり、また、牧師・信徒の、積極的な伝道方策により、他教派とは比較にならない程の急成長を示している。

福岡教会からは東福岡教会（昭和二十八年）、鳥飼教会（昭和三十一年）、平尾教会（昭和三十五年）などの諸教会が、西南学院教会は姪浜教会（昭和三十六年）、粕屋教会（昭和四十二年）、などの諸教会を産み出している。今日では、子教会のみでなく、孫教会すら育っているという。たとえば、福岡教会を母体とする平尾教会は長住教会を、さらに長住教会は野方教会を誕生させている。このような一連の動きの結果が、福岡市内に二十三教会、周囲の諸都市に十五のバプテスト教会をみることができるのである。この場合も、都心部ではなく周辺部、郊外地に多くの教会が設立されているのはいうまでもない。

とくに福岡に限ったことではないといえるかもしれないが、福岡の多くの教会は、付属の幼稚園・保育所を経営し、「幼な子をキリストへ」と幼児教育を実施している。西南学院、福岡女学院、雙葉学園、海星女子学院といった学校付属の幼稚園も活発である。しかし、そのほとんどは教会付属の幼稚園・保育所である。戦前は婦人宣教師によって設置された幼稚園が多かったが、戦後は幼児教育、保育事業に関心を寄せる教会が増え、とりわけ地域社会への伝道との関連で、このような事業施設を設けることが多くなってきている。福岡市内に幼稚園はプロテスタント系十八、カトリック九、保育所はプロテスタント系、カトリックともに二である。

カトリック教会

第二次世界大戦後の日本におけるカトリック教会で最大のイベントは、フランシスコ・ザビエルが日本にキリスト教を伝えた天正十八（一五四九）年から数えて、ちょうど四百年にあたる昭和二十四年の記念の大式典であろう。教皇ピオ十三世の特使が来日、ザビエルの聖腕と日本伝道の際につねに所持していたという十字架を奉持して、ザビエルゆかりの地を巡礼したのである。

すでにのべたように、わずか数日間とはいえ、ザビエルが滞在したことのある博多の町・福岡においても、平和台陸上競技場に特別の祭壇を設定し、聖腕と十字架を安置、教皇特使による記念のミサが盛大に行われた。福岡はもとより近郊に在住するカトリック教会の聖職者・信徒は、こぞってこの特別ミサに参集した。県知事、市長も臨席したとのことである。

ザビエルの聖腕は一晩大名町教会に安置されたという。この特別ミサの模様はひろくマスコミにもとりあげられ、カトリック教会の名は、ザビエルの来日以来四百年の歳月を経て、ようやく日本社会において市民権を獲得した、ということができるであろう。

ここで、福岡におけるカトリック教会の戦後から今日までの、およその動きに目を転じることにしよう。

カトリック教会もまた、プロテスタント教会の項でのべたように、戦時中の暗い日々から解放され、新しい希望にみちた歩みをはじめた。何よりもまず、戦時中の名称「日本天主公教団」から「カトリック教会」の名称が復活した。福岡で唯一の大名町カトリック教会においては、精神的に渇いた人々が多く教会の門をたたき、多くの人々が信仰をえて洗礼を受け、戦時中に激減していた信徒数は千人にものぼり、戦前をはるかにこえる躍進ぶり

浄水通カトリック教会

大名町カトリック教会

であった。明治以降、パリ外国宣教会の宣教師によって創設され、長期にわたり司牧されてきた大名町教会は、戦後の昭和二十三年、はじめて日本人司祭伊東誠二を迎えたことも幸いしたのかもしれない。

　このような教会の発展にともない、いくつかの小教区教会が大名町教会から独立することになる。昭和二十六年には高宮教会が創立された。戦前から司祭館として存していた浄水通教会は昭和二十七年に、新聖堂を建築して小教区教会として、また美野島教会もスタートした。翌年には光ヶ丘教会、西新町教会が創設された。さらに吉塚教会、茶山教会、箱崎教会などが続々と独立しており、今日では十二を数えるカトリック教会が福岡市内に存在している。これに糸島、二日市、小郡、古賀といった近郊都市を加えると、十七におよぶカトリック教会が存しているのである。

　ところで、明治二十九年に建築された、福岡で最初の赤煉瓦造りの大名町教会の聖堂は、市内で最も頻繁な天神の交通の要路・幹線道路に面して、車の振動も激しく、また白蟻の被害で老朽化も著しかった。そこで、教会委員会では新しいカテドラル建設の意向が語り合われ、このための募金がはじめられた。昭和五十三年には福岡教区司祭評議会において、カトリック・センターを併設したカテドラルを、現在地に新築することが決定された。

昭和六十年、起工式がとり行われて工事がはじまった。翌年、信徒待望のうちに、フランスで設計・製作されたステンド・グラス、ドイツから購入したパイプオルガンを設置した、最大収容人員千名という、教区センターの機能をそなえたカテドラルが竣工した。ちなみに、福岡市でパイプオルガンが設置されている教会は、福岡警固教会、福岡城南教会、西南学院教会それに日本福音ルーテル博多教会である。参考のためにつけ加えておこう。

話をもとに戻して、福岡最初の赤煉瓦の聖堂は、明治期の西洋建築として価値が高く、解体を惜しむ福岡市民や文化団体などからの、保存したい旨の要望が多く寄せられ、久留米市の社会医療法人「雪の聖母会」の聖マリア病院聖堂として、移築し保存されることとなった。

カトリック教会は、一般の人々がイメージしているように、保守的でも閉鎖的でもないことは、明らかにしておくべきであろう。むしろ、社会全般に対して開放的であり、さらには奉仕活動にも積極的な姿勢をすらみせている。

そのひとつは教会での結婚式である。プロテスタント系の教会では、比較的自由に信徒でなくても結婚式を挙げる傾向がみられるが、カトリックでは必ずしもそうではないと思われている。しかし、実際には、カトリックでも条件さえそろえば、信徒でなくとも結婚式を挙げることができるという。大名町カトリック教会では、「福岡カトリック結婚準備セミナー」という準備講座がもうけられており、数組の信徒夫婦と、医師が担当する五回にわたる講座への出席が条件とされている。挙式者の半数以上は信徒でない者同士であり、なかにはキリスト教とはじめて接触するという人もいる、とのことである。

大名町教会では、英語ができるフランス人神父による英語ミサも毎週あげられている。とくに、福岡で職をえて働いているフィリピン人信徒を中心に、英語圏の人々のためのミサである。このグループからは、大名町教会の信徒会に代表者が選ばれて出席している。まさに、大名町教会の一員となっているということができるのである。

さらに、大名町教会では「熱いスープの会」の名称で、ホームレスの人々に熱いスープを調理し提供している。現在は二月と三月のみであり、福岡市NPO法人「おにぎりの会」と提携して合同で実施している。保温用のポットに熱いスープを入れて配っているとのこと。「おにぎりの会」は美野島司牧センターに事務所があり、カトリックのみならずプロテスタント教会の信徒も個人的に参加して、ホームレスの人々におにぎりを配布する運動である。

博多駅コース、博多港コース、大濠コースなど、およそ一〇のコースをたどっておにぎりを配布している。この美野島司牧センターにはパリ外国宣教会神父で、日本語はもとより英語、フランス語、スペイン語が堪能なマルセル・コースが駐在し、「おにぎりの会」などのホームレス支援のみでなく、とくに福岡で職をえているペルー人を中心とする、スペイン語圏の人々のためのミサを主宰している。毎日曜二、三十人の出席者があるという。また、コースは博多港に入港する外国船の、カトリック船員のためのミサも行っている。

また、博多区の光ヶ丘カトリック教会では、「ほたるの会」の名称で、近くの公園に居住しているホームレスの人々およそ三十人に、毎週炊き出しをし、パトロールで健康をチェックしたり、といった支援を行っている。これには神学生や他教会青年たちが多く参加しているとのことである。

プロテスタント・カトリック共同の試み

ここで、プロテスタントとカトリック両者による、共同の試みを紹介しておこう。

これは、とくに福岡に限ったことではないが、戦後日本のキリスト教界でみられた大きな刷新のひとつは、キリスト教信仰の基盤として教会でひろく用いられている、聖書の翻訳が新たに行われたことであろう。いわゆるプロテスタント・カトリックの『新共同訳聖書』の刊行である。

それに先んずる聖書の翻訳は、戦後の新しい教育方針として、「新かなづかい」や「当用漢字」が制定されたことに対応した、従来の文語調聖書を口語調に翻訳する動きによる、「口語訳聖書」であることはよく知られている。本来、聖書は万人に読まるべきものであり、読み易い口語体日本語聖書が望まれたのも当然のことであろう。そもそも、新約聖書はギリシャ語の通俗語（コイネー・グリーク）で書かれているといわれており、プロテスタントの日本聖書協会は昭和二十五年に改訳委員会を設置、委員の聖書学者たちが最新の聖書学の成果をとり入れながら、平易簡明の文体を旨として翻訳作業を続けた。昭和三十年に『口語訳聖書』の翻訳が完了、刊行の運びとなったのである。

さらに、一九六〇年代に入ると、世界のすべてのキリスト教会が、一致協調し合うことの重要性を主張するエキュメニカル運動が盛んとなってきた。カトリック教会にあっても、第二ヴァチカン公会議以降、プロテスタント教会との協調が叫ばれ、そのひとつ聖書に関しても、プロテスタント・カトリックの両者が共同して使用しうる、共同訳聖書の翻訳が望まれたのである。

この動きから、聖書協会世界連盟による「聖書翻訳におけるプロテスタントとカトリックの共同作業のための標準原則」を基盤に、我国においても協議が重ねられた。両者からの専門委員による翻訳作業が開始され、十数年におよぶ作業の成果が、昭和六十二年の『新共同訳聖書』である。日本聖書協会が明治二十年に、最初の日本語訳聖書『旧新約聖書』を出版して、ちょうど百周年という記念すべき年の出版である。

平易な日本語に加えて、たとえば「イエス」「イエズス」を「イエス」に統一するなど、プロテスタント、カトリックでそれぞれ伝統的に異なっていた人名、地名などの固有名詞の共通化が実現された。あるいは差別用語の書き換え、さらには聖書本文に小見出しをつけて読み易くしたことなどに、そのきわ立った特徴をみることができよう。

この『新共同訳聖書』は、日本のキリスト教界に広く好意的に受け入れられ、福岡のプロテスタント・カトリックの諸教会でも、礼拝やミサ、聖書研究会その他の集会で用いられている。『新共同訳聖書』の翻訳委員のひとりとして、福岡サン・スルピス大神学院（現・日本カトリック神学院）の教授であった、ゼノン・イェールが活躍したことはよく知られている。

最近における福岡でのプロテスタント・カトリックの両者による共同の企画は、「福岡聖書展」の開催といえよう。平成十一（一九九九）年に福岡の百貨店博多大丸で、「福岡聖書展」が地元の実行委員会と日本聖書協会の共催で開かれた。聖書協会が所蔵する各国語（言語）聖書、また日本で刊行された木版刷和綴聖書など、百点を大きくこえる聖書展示をはじめ、福岡ゆかりの人物、西南学院創立者のドージャー愛用の聖書、今村カトリック教会などが所蔵するキリシタン関係資料が展示された。さらには、ルターの翻訳になるドイツ語聖書の普及に大きくかかわったとされる、グーテンベルクの活版印刷機およびグーテンベルク聖書（複製版）も展示され、実際に印刷された紙が見学者にも配布された。この年がちょうどザビエル来日四五〇年にあたることから、ザビエル関連資料も展示された。それに加えて、講演、グレゴリオ聖歌演奏、オルガン演奏といったイベントも企画された。

この「福岡聖書展」は、おそらく福岡におけるプロテスタント・カトリック両教会が全面的に協力し合った、まさに最初で最大のエキュメニカル（全教会一致）の試みであった、といっても過言ではないであろう。代表実行委員長には日本キリスト教団福岡中部教会牧師東島勇気が、実行委員長にはカトリック福岡司教松永久次郎および日本イエスキリスト教団油山シャローム教会牧師横田武幸（肩書はいずれも当時）が就任。各教派教会の牧師・信徒、さらにはキリスト教主義学校・団体からの代表者が実行委員あるいは専門委員として参加しており、福岡のキリスト教界あげてのエポック・メーキングなイベントであったということができよう。

福岡のキリスト教主義学校

福岡女学院

福岡女学院は福岡におけるキリスト教主義学校の先駆的な学園で、その創設は一三〇年近く前の明治期にさかのぼる。

禁教令が撤廃された明治六（一八七三）年、長崎に着任したアメリカ・メソジスト監督教会派遣宣教師ジョン・デヴィソンは、長崎にキリスト教主義学校設立のため、教育宣教師の派遣を本国伝道局に要請した。このデヴィソンの要請に応じて、三名の宣教師、エリザベス・ラッセル、ジェニー・ギールそしてキャロル・ロングが長崎に着任した。ラッセルとギールは明治十二年に活水女学校を、ロングは明治十四年に加伯利《カブリー》英和学校（のちの鎮西学院）を創設した。

一方、福岡においては、ロングが牧師谷川素雅とともに、明治十七年、加伯利出身者の助力をえて、福岡メソジスト教会を設立したことはすでにのべた。福岡伝道が順調に展開するにつれて、信徒の間から子女の教育についての強い要望が生じ、そのために谷川が長崎に赴き、福岡に女学校設立の必要性を訴えた。その結果、長崎からギールが来福し、福岡メソジスト教会の全面的な援助と協力をえて、福岡に女学校開設の運びとなる。「英和女学校」と呼ばれたこの女学校は、明治十八年、呉服町（現・中央区大名）仮校舎において誕生したのである。

間もなく因幡町（現・中央区天神）の家屋を借りて移転、一階を教室、二階を宿舎にあてた。当時の生徒は三十名ほどだったという。いまだ明確なカリキュラムも修業年限もなく、寺小屋風の私塾に近い学校で、英語、国語、算術に加えて、裁縫、編物、料理などが教授されている。

その後、英和女学校の入学希望者の増加により、校舎、寄宿舎の拡張の必要から、ギールは新校舎建築計画を進め、アメリカのメソジスト教会伝道局に協力方を要請した。その結果、天神に土地を入手、校舎の新築工事がはじめられた。この校舎建築に際して、メソジスト教会の谷川の後任牧師飛鳥賢次郎、健康を害して帰米のやむなきにいたったギールの後任、第

福岡女学院のパイプオルガン

二代校長ライダー・スミス、および活水のラッセルの尽力のあったことを忘れてはならない。

新校舎は明治二十一年に竣工、開校式が盛大に挙行された。この模様は地元新聞「福陵新報」に詳しく報じられている。新校舎は白亜の二階建て西洋風建築であり、福岡ではじめてみるその建物を、弁当持参でわざわざ見物に来る人もあったという。この直後、英和女学校の西隣にメソジスト教会が新たに建築されている。

創立当初から聖書および英語教育を重視した英和女学校であったが、生徒が常時七十名以上出席するようになったので、科別、修業年限、教科など、次第に学校としての内容が整備されてきた。明治二十六年には小学科、中等科、高等科に大別され、原則として各科四年、計十二年制がとられた。のちに教育課程を大幅に改正して、小学科三年、予備科二年、初等科四年、そして高等科四年として十三年制に移行、福岡県下唯一の女子高等教育機関となったのである。このころ、福岡でピアノを保有していたのは、英和女学校ただ一校のみであったといわれている。

大正四（一九一五）年は英和女学校創立三十周年にあたるとして、時の校長エリザベス・リーは、学校をひろく世に紹介するために、記念行事として翌年の五月十八日に創立記念式典を大々的に挙行した。その後、この日が創立記念日として祝われており、また、伝統行事として今日も行われている、メイクィーンとメイポール・ダンスが催されたのもこのころからである。

制服、制帽が制定されたのも、このリー校長在任期である。紺サージのセーラー服で、袖口と襟に二本の臙脂《えんじ》のライン、胸に白い錨の刺繍の入った、いわゆるミッションの中高生が着用の、福岡市民に馴じみ深い制服である。当時の私立公立を問わず全国の女学校では、和服から洋服への服装の改善がはじめられていたが、福岡女学校の制服がモデルとして全国に普及することになったという。

創立記念日に行われるメイポール・ダンス

校名変更もこのころのことで、「英和女学校」から「福岡女学校」となった。上級学校入学資格取得のためには、高等女学校として文部省が定めた要件を満たすことが必要であり、「英和女学校」の校名に別れを告げた。

この時期における最大の事業は、天神から薬院への校地移転である。学校の評価が高まり、生徒数の増加に対応するには、天神校舎はあまりにも狭く、ほかに校地を求めざるを得なかった。その結果、薬院に校地を入手、ヴォーリスの設計による新校舎が大正八年に竣工、昭和三十五年、現在地の日佐の新校地に移転するまでの約四十年間、この地での教育が実施されたのである。現在、九電記念体育館が建てられているところである。

なお、天神の校地は筑豊の炭鉱主伊藤伝右衛門に、校舎は同じく筑豊の炭鉱主中島徳松にそれぞれ売却された。校舎は解体されて飯塚に運搬、飯塚炭鉱病院に生まれ替った。校地跡は伊藤によって豪華な邸宅「赤銅御殿」が建てられ、有名な歌人柳原白蓮を住まわせて評判となったが、昭和二年に焼失している。

英和女学校（福岡女学校）は創立以来、代々の校長はアメリカのメソジスト教会派遣の婦人宣教師が務めた。しかしながら、第十代校長ハリエット・ハウイは、日本人のための女学校の校長は日本女性から選ぶべきとの信念を有しており、昭和四年、理事会に邦人校長を提案した。理事会およびアメリカのメソジスト教会においてもこの案が承認され、当時活水女専教授の職にあった徳永ヨシが、邦人初の校長として三十七歳の若さで就任した。昭和七年のことである。

徳永が校長に就任して以後、日本には軍国主義的思潮が蔓延し、満州事変は日中事変に拡大、日米関係は極度に悪化して太平洋戦争に突入するなど、とくに「敵性宗教」とみなされたキリスト教にとり、まったくの苦難の時代であった。徳永はつねに篤いキリスト教信仰をもって、いかなる困難、圧力にも耐えて、キリスト教主義という学園の建学の精神を守り通した。学校創立以来、長期にわたり女学校の教育、とくに宗教教育と英語教育に尽力した宣教師たちは、このような状況にあって帰国を余儀なくされた。

戦争が激化するこの時期、福岡女学校にとっての最大の試練は、キリスト教主義の放棄要求である。「財団法人福岡女学校」を設立して組織化する必要から、県学務課に許可申請書が提出された。ところが、この申請書について再考が求められて却下されたのである。寄付行為第一条にある「基督教に基づき女子に須要なる高等普通教育を施すを以て目的とす」の「基督教主義に基づき」の削除要求であり、建学の精神を根本から否定するものであった。

しかし、この苦闘のなかにあっても、校長徳永の確固たる信念は微動だにすることなく、「福岡女学校からキリスト教をとり去れば、学校存立の意義はない。どうしてもキリスト教を捨てなければならないときは、むしろ学校を閉鎖するよりほかに道はない」と係官に毅然として宣言し、県当局の執拗かつ高圧的な要求に対して屈服することなく、キリスト教主義を守り通したといわれる。

今ひとつの大きな試練は、昭和二十年六月、福岡大空襲の折、校舎の大部分が炎上焼失したことである。この夜アメリカ空軍のＢ29の大編隊が福岡市上空に飛来し、市街地に焼夷弾の雨を降らせ、市の大部分が焦土と化した。陸軍が徴用していた福岡女学校校舎もほとんどが焼け落ち、学校の重要書類も大半を焼失したのである。

終戦、多くの人的物的被害をもたらした戦争は、昭和二十年八月、ポツダム宣言の受諾により終結した。福岡女学校は焼け残った建物、バラックを教室に授業を再開した。戦時中帰米していた宣教師もいち早く次々と帰任、職員・生徒は感謝のうちにかれらを歓迎した。アメリカ・メソジスト教会の援助もあり、復興計画にしたがった校舎建築もはじめられ、講堂をはじめとする建物が次々と完成していった。

戦後の大きな改革のひとつに教育制度の改革があった。いわゆる六・三制である。福岡女学校にあっては、昭和二十三年より、学校名を「福岡女学校」から「福岡女学院」に改めたために、中学は「福岡女学院中学校」と、高校は「福岡女学院高等学校」と呼称するように変更された。同時に、校長も院長と呼ばれるようになった。

新生「福岡女学院」では総合学園構想が立案され、中学・高校の上に、さらに一貫教育を目指して大学の設置、そしてその構想を展開するのにふさわしい、新しい校地の選考がはじめられた。難航した接渉の末に、現在地の南区曰佐《おさ》の土地を取得した。昭和二十七年のことである。まず、この地に幼稚園が二十九年に建てられ、総合学園の第一歩を進めた。ところがその矢先、昭和三十二年、二十五年の長きにわたり、激動と多難の時代に、キリスト教主義学校「福岡女学院」を守り通した院長徳永ヨシは、病の冒す身となり天に召された。

福岡女学院は創立当初から、女性の高等教育を担うことを強く願っていた。臼佐に多くの困難の末に広大な土地を入手するにおよんで、昭和三十六年、積年の願望の一環として、短期大学設置構想が立案された。校舎建築その他の準備を整え、文部省の認可をえて、昭和三十九年、英語科と家政科からなる短期大学を開設した。さらには昭和六十年に日本文学科を開設した。

中学２年生から選ばれるメイクィーン

幼稚園から中学・高校そして大学までの、女性のための総合学園を目指すマスター・プランを作成していた福岡女学院は、さらに四年制大学設置の必要性を決定した。昭和六十年大学設立準備委員会を設け、日本文学科と英米文学科の二科からなる人文学部をもつ大学を、小郡市に土地を取得して新設することとなった。小郡市に大学を設置することにした理由は、政令指定都市である福岡市には、大学の新設が認められなかったからである。平成二（一九九〇）年に開学した福岡女学院大学は一学部二学科で発足したが、のちに人文学部を現代文化学科、表現学科、英語学科に改編し、心理学科とこども発達学科からなる人間関係学部を増設している。さらには、比較文化および臨床心理の二専攻をもつ大学院人文科学研究科も設置されている。なお、短期大学は大学短期大学部と名称が変更されている。

他方、小郡市の大学校地は交通のアクセスが必ずしも至便とはいえず、諸般の事情を考慮して売却され、曰佐校地への統合がはかられた。かくして、福岡女学院はひとつの校地曰佐において、幼稚園から大学・大学院にいたる女性のための、キリスト教主義にもとづく総合学園として存在するにいたったのである。

なお、福岡女学院では「天神サテライト」という名称で、生涯学習の一環として学外講座を開設している。交通至便の天神で、生涯教育として大学レベルの多くの科目を受講できる利便性は高く評価さるべきであろう。

福岡女学院看護大学についても、ここで簡単に紹介しておきたい。同看護大学・看護学部・看護学科は、福岡女学院の伝統であるキリスト教的愛の精神を基盤に、ひとがひとを看護するというヒューマン・ケアリングを実践する看護職従事者の養成を目的に、平成二十年に創設された。同大学は国立病院機構・福岡東医療センターという、最新の医療機関との全面的な協力連携のもと、場所的にも隣接する地での恵まれた学習環境のなかで、充実した看護教育プログラムが展開されている。校地は福岡市の北の郊外地、古賀市の緑ひろがる地に快適なキャンパスをみることができる。

この看護大学では看護関係教員を中心に、医師そして現場看護婦の三者によって作り上げられた、実践的かつ広域的視野のカリキュラムで、心（あたたかな心・Heart）、知識（冷静な頭脳・Head）、と技術（行動に移す手・Hand）、この三つの能力（3H）を身につけた、看護職従事者の育成をめざしている。したがって、カリキュラムもこの三つの能力を身につけることに主眼がおかれ、毎日のチャペルでの礼拝に加えて、基礎科目として建学の精神であるキリスト教の理解、人間と社会の問題、とくに国際化の時代に適応するための外国語コミュニケーションが取り上げられている。この基礎科目の上に、看護学のあらゆる分野にわたる講義と演習・実習が設けられている。さらには、現代社会の特徴でもある高齢化に対応する老人看護、あるいは地域社会へ積極的に関わる地域看護などに特色をみることができよう。

西南学院

西南学院は福岡市における代表的な、キリスト教主義総合学園である。バプテスト派宣教師で創立者、C・K・ドージャーの遺訓「西南よ、キリストに忠実なれ」の教えを受けた福岡市民・教会員は多いはずであり、多くの教会で活躍している。

西南学院の前身は、明治四十四年、福岡バプテスト神学校の東京移転の跡（大名町、現・中央区赤坂）に開設された、英語夜学校「福岡バプテスト夜学校」であり、ドージャーが自ら校長となった。生徒数は当初六名、次第に生徒数も増加し、宣教師たちも協力を惜しまなかった。その一方で、宣教師たちは英語夜学校ではなく、本格的なキリスト教主義学校を、この福岡の地に設立することを真剣に論じはじめ、帰米したドージャーは学校経営についての研究と準備を行った。

ドージャーたちの学校設立の願いは、ミッション・ボードの受理するところとなり、大正三年、男子中学校の開設が認められ、長年の夢が実現することとなった。かくして、中学校創立委員が選ばれ、初代校長に京都帝大出身の篠猪之彦を任じた。

大正五年、ときの福岡県知事谷口留五郎より「私立西南学院」設立の認可書が交付され、四月大名町の旧福岡神学校の仮校舎で開校の運びとなった。西南学院の教育の目的は、学則第一条に「本学院ハ基督教主義ニ基キ人格ノ完成ヲ旨トシ、男子ニ中学校程度ノ普通教育ヲ以テ目的トス」と記されている。

「西南学院」という名称の由来は、「仙台の東北学院、神戸の関西学院に対して福岡の西南学院」と、日本のキリスト教教育を地域的に分担する、という雄大な理念からという説がある。また、すでに九州では長崎に鎮西学院、熊本に九州学院が存したことから、「西南」の二文字をこの新設学校に冠した、という説もあるが、詳細は不明である。

大名町の仮校舎で開校した西南学院は、大正六年西新町の百道海岸、白砂青松の地に土地を購入、以後校舎の新築が続けられた。大正十年に建築されたヴォーリスの設計になる、赤煉瓦の中学本館は、今日、西南学院大学博物館として使用されており、福岡市の有形文化財保存建築物に指定されている。

西南学院大学博物館（ドージャー記念館）

福岡には九州帝国大学が明治四十四年に設置されてはいたが、高等学校、専門学校はいまだ開設されていなかった。福岡高等学校（旧制）の開校は大正十年のことである。こうした状況のもとにあって、同年西南学院中学部に並んで高等学部の設置が認可され、専門学校の分野にも教育活動の領域を拡大することとなった。高等学部には文科と商科が設置され、修業年限は両科とも四年制であった。当時、西日本にあってキリスト教主義にもとづく高等教育を実施する学校はほかになく、ことのほか、高等教育の水準を保つことに意を用い、一般の専門学校が三年制であるのに対して、あえて四年制を採用したのであった。

これより少し前の大正八年、東京の日本バプテスト神学校が閉校になったことにともない、福岡での神学校設置がバプテスト教会側から要望されていた。西南学院では高等学部設置当初から、神学科の開設を考慮していたこともあり、大正十二年、修業年限五年の神学科が設置されている。明治期に大名町に建てられた福岡バプテスト神学校、のちの西南学院中学校の仮校舎は、西新地区に移築されて寄宿舎として使用されていたが、新設の神学科校舎として使用されることとなり、建築当時の本来の目的にかなう役割を再度果たすことになったのである。

西南学院はいうまでもなく、キリスト教主義を建学の精神とする学園である。学校当局は日曜日を「安息日」「主の日」として守ることを学生に強く求めていた。具体的には、西南学院の校名を冠して、キリスト教関係以外の学校外行事に参加することを固く禁止していたのである。とくに、高等学部でクラブ活動が盛んとなり、スポーツの分野における対外試合が日曜日に行われることが多くなるにつれて、この「日曜日問題」が急に大きく取り上げられることとなった。

昭和初期のある年、野球部についてつぎのような記録が残されている。「九州高専試合のとき、本学では日曜日は安息日と決められ、当時の学院長ドージャー氏は、日曜日の対外試合を禁止していたが、意気上る西南はそれを振り切り、当時の強者長崎高商と試合を行い、六対一で勝利をおさめたまではよかったが、全員停学の処分を受け、福岡高校との優勝戦も行えなくなり、優勝をのがしたのが惜しまれる」と。

ともかく、西南学院高等学部は九州の学生スポーツの雄であった。とくに、決勝戦がつねに日曜日となるので、試合を強行すれば停学処分を受けるなど、大きな犠牲を払わなければならない結果を招き、スポーツ振興の挫折という矛盾を生じたのである。ほどなく、この日曜日問題は、学業に支障のない土曜日、日曜日に試合を行うように、との文部省の通達もあって、一部のクラブに限定されたとはいえ、試合競技が日曜日に行われる場合も、これを許可するという緩和策が講じられて一件落着している。

さらに、キリスト教主義教育を実施する西南学院であるがゆえに、時代の大きな激流に抗し難いいくつかの出来事があった。そのひとつは、学院内における軍事教練の実施と、それにともなう配属将校の受け入れであった。監督官庁の文部省令であるばかりか、徴兵猶予の条件もあったために、その実施要求を拒否することは不可能であった。大正十四年最初の配属将校が着任、軍事教練が学科目のひとつに加えられることになったのである。

今ひとつは、天皇・皇后両陛下の御真影の奉戴という、これまた文部省による天皇拝礼の強制である。全国の各学校には奉安殿が設置され、そこに御真影と教育勅語が安置され、それへの拝礼が求められた。西南学院においても、本館一階の院長室に奉安所を設置した。昭和十三年のことである。しかし、理事会において、この御真影は「宗教的礼拝の対象」ではなく、「皇室に対する忠誠の涵養」に資するために設置する旨決議しており、キリスト教精神を守る姿勢を明確に表明していることは注目に値する。

とはいえ、のちにこの奉安所に関して、独立した奉安殿造営が企画され、同窓会基金より神明造り奉安殿が校門東側に設置された。戦後間もない昭和二十一年、この奉安殿は撤去され、御真影は焼却されたということである。

西南学院では、中学部学則に「生徒ハ精神修養上本学院ノ規定セル毎朝講堂ニオケル礼拝ニ出席スベシ」と規定し、キリスト教主義にもとづく人格の完成を目指した。もちろん、聖書を正科として課していた。ところが、中等学校教育を所管する福岡県学事課は、聖書科を正科目から除外することを厳命した。太平洋戦争前夜の昭和十五年のことである。

この件に関しては、県および学院は互いにその主張を譲ることなく、ともかく昭和十九年まで聖書科の授業を継続した。しかし、学務課の態度がますます強硬となり、生徒の勤労奉仕や教員不足などの理由から、中止のやむなきにいたっている。とはいえ、礼拝は休まずに続行されたとのことである。ただし、昭和十五年に高等学部から校名を改めた経済専門学校では、所管が福岡県ではなく文部省であったために、聖書科の授業は継続されている。

昭和二十年八月、日本はポツダム宣言を受諾し、第二次世界大戦に終止符が打たれた。ここに日本の軍国主義は敗退、民主主義国家建設へと大きく転換することになるのは周知のところである。当然のことながら、文部当局においても、学徒動員、軍事教練、奉安殿の廃止といった、教育のあらゆる分野での戦時体制から、平和時での体制への移行を促したのである。

さらに、西南学院の設置母体であるバプテスト教会は、すでにのべたように、戦後間もなく日本基督教団を離脱、独立した日本バプテスト連盟を組織したことから、アメリカの南部バプテスト連盟との直接的関係が回復された。かくして、西南学院はアメリカの教会からの物的援助とともに、教授陣の充実のために有能な人材が派遣されることともなった。これと併せて、専門学校に神学科が再開設され、とくにバプテスト派の牧師・伝道者の養成の責務を担った。

昭和二十二年、我国の基本的教育制度が大きく変革され、いわゆる六三制による新制度が導入されることとなった。新制度にしたがって、旧制度による西南学院中学部は二つに分けられ、新制の西南学院中学校と同高等学校という形をとることになった。ついで、専門学校も新制度の大学へ移行するための準備委員会が発足し、昭和二十四年、神学、英文、商科の三専攻からなる、西南学院大学学芸学部として開設された。翌年学部名を学芸学部から文商学部と変更、また同年、短期大学部が経済専門学校第二部を母体とする英語科と商科、および福岡保育専門学校を母体とする児童教育科の三学科で組織された。

発足後の西南学院大学は学部・学科の新増設を鋭意進めて拡充発展の歩みを続けた。たとえば、昭和二十九年には文商学部を文学部と商学部に分かち、前者に神学科、英文科を、後者に商学科を設置し、のちに経営学科と経済学科を増設した。経済学科は昭和三十九年に経済学部として独立、経済学科と国際経済学科を有している。

文学部神学科は西新校地をはなれて、閑静な緑に囲まれた城南区干隈《ほしくま》に校舎を新築して移転、昭和四十一年神学部に昇格、牧師・伝道者の育成に努めていた。しかし、干隈校地の神学部は、平成十三年、再び西新校地に統合されている。

文学部においては、英文学科のほかに外国語学科（英語・フランス語専攻）および国際文化学科を新設、短期大学部の児童教育学科を統合している。のちに、児童教育学科と社会福祉学科が文学部から分離して人間関係学部に、国際文化学科は学部としてそれぞれ独立している。さらに、昭和四十二年には法学部法律学科が設置されている。このようにして、今日

西南学院大学のパイプオルガン

において は、西南学院大学は、神学・文学・商学・経済学・人間科学・国際文化といった、文化系の総合大学を形成し、西日本を代表する教育と研究の殿堂として存在しているのである。

さらに、西南学院大学にあっては学問研究と高度の教育、専門職養成のための大学院を設置している。博士前期課程（修士課程）および博士後期課程（博士課程）の学生が多くこの大学院に在籍して学んでいる。とくに、将来の法曹を担う専門実務者養成の法科大学院も、専門の教師陣をそろえて、西南学院大学に設置されていることは述べなければならない。

ここで、ランキン・チャペルについて簡単に述べておこう。

ランキンとは、アメリカ南部バプテスト連盟ミッション・ボードの総主事の名であり、かれの西南学院に対する大きな功績を讃える意味で、西南学院大学の新講堂をランキン・チャペルと命名したのである。昭和二十九年のことである。こけら落としは、スイスの世界的神学者エミール・ブルンナーの「科学と宗教」という二回にわたる講演であった。各種式典や日常的大学礼拝、講演会、あるいはのちに設置された辻宏製作のパイプオルガン演奏会などに、ランキン・チャペルはひろく用いられた。しかしながら、多くの人々に愛されたチャペルではあったが、築後五十数年を経過して老朽化もはげしく、改築の必要性が叫ばれ、平成二十二年、新たに西南学院大学チャペルが竣工、同時に辻オルガンも移築された。

西南学院大学に関して特筆すべきことのひとつは、同大学博物館のことである。西南学院創設五年後の大正十年に、ヴォーリスの設計で完成した中学本館、赤煉瓦造りの三階建ての建物は、市の有形文化財に指定されており、今は西南学院大学博物館として使用されている。関谷定夫名誉教授の旧約聖書関係コレクションの常設展示はもとより、各種催物の展示会場として、あるいは二階講堂で講演会や、設置されているパイプオルガンの演奏会場として、西南学院チャペルのオルガンとともに活躍している。

今ひとつ特筆すべきは、西南学院小学校の開設である。すでに設置されている幼稚園による幼少時から、大学による青年期まで、一貫したキリスト教精神にもとづき、優れた人格を育むという教育理念を実現するために、平成二十二年に小学校を開設している。かくして、西南学院は幼稚園から、小学校、中学、高校、大学、そして大学院を擁する西日本で唯一の総合学園を形成しているのである。

上智福岡中学高等学校

上智福岡中学高校（旧・泰星中学高校）は、昭和七年創設の「福岡公教神学校」にまでさかのぼる。当時のカトリック福岡司教区第二代司教、パリ外国宣教会のアルベルト・ブルトンが、大名町教会伝道館にカトリック小神学校である福岡公教神学校を創設したことが、この学園を飾る第一ページである。十八名の神学生と四名の教師からなる小神学校で、校長は同じくパリ外国宣教会のフレデリック・ボアであった。伝道館の仮校舎はあまりにも狭かったので、中央区御所ヶ谷に新校舎を建築して移転することとなった。この新天地で再出発した小神学校は、校名を「カトリック学院」と改めた。

さらに、翌年カトリック学院の新校舎は、サンモール会が新設した福岡女子商業学校（現・雙葉学園）に売却された。そのため一旦大名町教会伝道館にもどり、ついで平尾杉谷（現・中央区山荘通）に、新校舎の完成をまって移転した。そして、福岡県知事より四年制

（のちに五年制となる）の各種学校としての設立許可を受け、校名を「平尾学院」と改称した。昭和十一年に「泰星中学校」と校名変更をしている。東京の暁星、長崎の海星といったカトリック中学校に「星」がついていることから、「泰星」の名が由来したとの説もあるが、詳細は不明である。しかし、中学校とはいうものの、実質的には全寮制の小神学校であり、一般の教科に加えて、ラテン語や初歩的教理の授業が行われたとのこと。

戦時中は、キリスト教主義に立脚する実質小神学校であれば、当然、県や軍部の干渉はきびしさを増してくる。外国人教師の抑留を手はじめに、日本人教師は軍務に服し、生徒は勤労奉仕にかり出される始末で、学校の校舎も軍の命令で徴用されるといった状況下にあった。

戦後の昭和二十一年、泰星中学校は小神学校を分離して、一般生徒に開放された中学校に転身するが、学制改革により新制度に準拠した中学校および高等学校として再出発することとなった。この年、泰星学園は福岡司教区の手をはなれて、マリア会に学園経営が移管されることになる。マリア会は明治十四年、フランスのボルドーで、ギョーム・ヨゼフ・シャミナードによって創設された男子修道会であり、カトリック精神にもとづき、青少年への学校教育事業を主たる目的としている。日本ではすでに東京に暁星学園、長崎に海星学園、大阪に明星学園を創設しており、日本における学校教育の経営に豊かな経験をもつ修道会である。

マリア会に経営が移管された泰星中学高校では、校舎の増築や野球場の新設といった設備の充実をはかり、教師陣の補充をはじめカトリック信仰のいっそうの推奨など、経験にもとづく経営努力を重ねた。しかし、生徒数の減少傾向に歯止めがかからず、中学部の廃止もせざるを得なくなった。つまるところ、マリア会は泰星学園の経営を、福岡司教区に返還するという事態に立ちいたったのである。

泰星学園から上智福岡中学高等学校へ

泰星学園の経営を担うこととなった司教区としても、宗教法人としての司教区本来の日常的活動、司牧が当然であることでもあり、学校経営の方に充分手が廻らないという状況にあった。鹿児島から元ラサール高校教師の神父山頭原太郎を校長に招くことにより、学校の立ち直りをはかった。かれがラサールから来たということ、およびザビエル寮という寄宿舎を新築したことなどから、泰星が第二のラサールになる、という噂が広まったともいわれる。泰星が平尾から中央区輝国の現在地に移転したのは、このころ昭和四十九年のことである。

しかしながら、学校経営は経験豊かな修道会に委ねるべきとの声が上り、福岡司教平田三郎はイエズス会ピタウ管区長に、泰星高等学校の経営を要請し、これに応えて、昭和五十八年、イエズス会による経営となったのである。

イエズス会は上智大学をはじめとして、六甲学院、栄光学園（鎌倉）、広島学院などの中高校の経営を行っている修道会である。イエズス会側としても、かつてのキリシタン時代には、九州の各地で活躍していたことでもあり、とりわけ、福岡はザビエルがミヤコに上る途中立寄ったゆかりの地でもある。それにもかかわらず、今日の九州にあっては、長崎の二六聖人記念館に関係するのみで、ほかに活動している領域がないのが現状であり、九州での活動の場を求めていたともいう。このような経緯があって、福岡の泰星学園経営を引受けたといわれている。

イエズス会はさっそく中断されていた泰星中学校の再開を行い、中学高校六年の一貫教育の実施を試みている。また校舎とくに聖堂棟の増築を行い、全館暖房（一部冷房）などの設備の改善を行っている。さらには、時代の流れにそってコンピューター室をも新設している。こうした改善の動きのなかで、泰星にとり画期的ともいえる変革が訪れるのである。

泰星中学高校は、イエズス会が設置経営している上智大学と、その共有する教育理念のさらなる発展を目指して、「教育提携」の協定を結び、校名も「上智福岡中学高等学校」と改めたのである。平成二十二年のことである。両者が教育提携を結ぶことを通して、さらにキリスト教的全人教育を充実させ、生徒の国際的視野をいっそう拡大することが可能となったのである。

具体的な教育提携の内容は、上智大学よりさまざまな分野の教授などの出張講義、国内の研修や活動への参加、授業や教材などの共同開発、あるいは国際交流およびカトリック系列校交換留学による国際的視野の育成など、幅の広い交流が計画されている。さらに、平成二十三年度入試より上智福岡高校から、上智大学への特別推薦枠は二十名と設定されたが、今後漸次拡大されることが予定されているという。平成二十四年度より、イエズス会の教育理念である「他者のために他者と共に」の精神を、男女ともにひろげる意味から、男女共学がスタートされるとのことである。

上智福岡中学高等学校のミサの様子

この学園の校風は自由と規律、自主性を重視するところがみられ、次のエピソードはその事実を充分に物語っていると思われる。現在、学校内にはドリンク飲料の自動販売機が設置されているが、導入に際して、設置を強く求める生徒会に対して、一部の教職員から校内が汚れる可能性があるとの激しい反対意見が出た。万一校内に空き缶などが放置される場合は、即刻販売機を撤去してもよい、との生徒会側の姿勢で再度交渉を重ね、結果として、教職員サイドが譲歩して設置するにいたった、ということである。

福岡雙葉学園

福岡雙葉学園はサンモール修道会（現・幼きイエス会）が経営する学校法人であり、昭和八年創立の福岡女子商業学校を前身としている。

サンモール修道会のフランスにおける正式名称は「聖嬰イエズス愛徳教育修道会」であり、この修道会がパリのサンモール街にあったことから、通称「サンモール修道会」と呼ばれるようになったという。平成三年から、名称を「幼きイエス会」に変更している。寛文二（一六六二）年「最も小さき者」を意味する「ミニモ会」の司祭ニコラ・バレにより、フランスで創設されている。数名の献身的な女性の協力をえて、貧しい家庭の女児教育のために小さな学校をはじめたのが発端だという。

日本には長崎でキリシタンの復活に関して著名なプチジャンの要請により、明治三年に最初の外国人修道女として、M・J・ラクロ、A・レヴェスクらが来日、横浜で孤児院や捨て子の養育にあたった。その後、同修道会は女性の教養向上のための女子教育に大きな関心を示し、横浜紅蘭女学校（現・横浜雙葉学園）を開設、昭和八年には田園調布に菫尋常小学校、さらに二年後に職業教育を施す菫家政女学校（現・田園調布雙葉学園）を創設している。

この一貫した女子教育の流れのなかで、昭和八年に同修道会管区長メール・テレーズと校長に任命されたメール・ジュヌヴィーブ、続いてイグナシウスらの修道女が福岡に来て、学園設立の準備をした。初代カトリック福岡司教のフェルディナン・チリーが、「平和の丘」あるいは「カトリックの山」と宣教師たちが呼んでいた、薬院から平尾にかけての丘陵地（現・中央区浄水通・御所ヶ谷一帯）三万坪を、パリ外国宣教会の援助購入していた。そこで、この御所ヶ谷に土地をえて、福岡女子商業学校を開校、財団法人サンモール会の経営となった。

女子商業学校として発足したのは、福岡市が人口に比して女学校が多過ぎ、過当競争になることを危惧した県当局が、認可の決定を下さなかったためといわれている。女子向けの実業学校は時宜を得て商業地域北部九州最古の女子商業学校として、四年制、学年定員百名と発展し、商業科はもとより家政科にも力を入れた。タイプ室には四十台あまりの邦文タイプライターが並び、調理室は当時の水準を大きくこえた、西日本一といわれる立派なものであったとのこと。

「徳においては純真に、義務においては堅実に」という校訓により、純真で地味で上品で、義務を重んじ着実に仕事ができる職業婦人の育成に務めたのである。もちろん、カトリック精神、とりわけ修道会の創立者ニコラ・バレの言葉「あなた方の仕事は、荘厳な教会を建てたり、祭壇を美しく飾ることよりも、もっとすばらしいことです。なぜなら、子供たちの心に〝神の生きた住居〟を作ることですから」の涵養につとめたことはいうまでもない。

昭和十二年の日中事変の勃発以降、キリスト教主義に立脚する学園への嫌がらせや不当な圧力が寄せられた。それらに対応して、学園としては勤労奉仕に生徒が積極的に応じたり、体育の時間になぎなたや弓道を取り入れたりした。また、戦地に慰問品を送ったり、陸軍病院に慰問に出かけたりした。しかし、国粋主義、ファッシズムの戦時体制の中、敵性宗教であるキリスト教教育にとっては、まさに試練につぐ試練のときを過したのである。

昭和十六年太平洋戦争突入とともに、フランス人校長メール・エンダは敵国人として、長崎に抑留される身となった。以後今日にいたるまで、日本人校長が校務を司っている。他方、生徒は授業どころでなく、軍需工場での勤労奉仕にかり出された。

加えて、昭和二十年の福岡大空襲の折には、学園に容赦なく焼夷弾の雨が降りそそぎ、本館、講堂および校舎の三分の二を焼失した。したがって、終戦は焼け跡で迎えることとなったのである。

戦時中は、表面的には体制におもねざるをえなかった学園ではあったが、厳しい時代のなかでも、キリスト教を精神的基盤とする教育は、一日たりとも揺らぐことはなかったことは、学園の誇りというべきであるとのこと。昭和二十年、文部省はかつて禁じていたキリスト教を許可したので、その芽は今やすくすくと育つことになったのである。

福岡雙葉学園のチャペル

翌昭和二十一年、学園は福岡女子商業学校を廃止し、新たに福岡雙葉高等女学校の開設を決議し、県の文部当局の認可をえた。女性の社会的地位の向上躍進にともない、単に実業の分野に限定されることなく、ひろく女性の一般的教養を高め、さらに宗教的情操を培い、我国の文化的発展に寄与することを目指した普通教育を課すことにしたのである。

新しく学園の名称となった「雙葉」について一言述べておこう。学園の設立母体の「幼きイエス会」の創設目的のひとつである、教育機関設立のために来日したメール・マルチドは、明治三十年、日本の女性向けに、英仏独語、洋画、手芸、西洋作法などを教える学校を発足させた。のちの「私立女子語学校」を経て、現在千代田区にある「雙葉学園」となる。その学校が「雙葉学園」と名付けられたのは、最初の学校が赤坂葵町に設けられたことにヒントをえている。葵は真直ぐに伸びた茎の先に必ず二枚の葉をつける。この二枚の葉「雙葉」を、日本女性とヨーロッパ女性が、深い友情をもって結ばれることの象徴と考えたわけである。この無限の可能性を秘めた語感をもつ「雙葉」が、日本における幼きイエス会の学園名となり、各地の同系列の学園名として用いられているという。

さらに翌年、戦後の学制改革によって、福岡雙葉中学校が設立され、ついで高等女学校は高等学校と変更されることとなった。ほどなく経営母体も学校法人福岡雙葉学園と改称することとし、福岡雙葉幼稚園についで小学校をも開設した。かくして、福岡雙葉学園はほかの姉妹校と歩調を合せて、幼・小・中・高からなる総合学園となり、一貫教育体制が整えられたのである。

雙葉学園では、いわゆる部活（クラブ活動）がいたって盛んであり、とくに合唱を愛好する生徒による合唱コンクールには幾度も優勝している。その他英語弁論大会や演劇部大会などでも優秀な成績を収めている。文系のみでなく体育活動でも、私学祭などで連続優勝の成績をあげている。また、ほとんどの卒業生は四年制大学、短大、各種専門学校に進学している。

いうまでもなく、雙葉学園はカトリック精神を建学の基礎としている。このカトリック学園を、昭和五十四年にノーベル平和賞を受賞したマザー・テレサが、昭和五十七年に訪問している。小学校から高校までの全生徒および教職員が、アーメン・ハレルヤの大合唱で歓迎したという。マザー・テレサは祈りと愛と犠牲の必要を、やさしい語り口で二十分程話されたとのこと。

福岡雙葉学園中庭のルルドの泉

とくに雙葉学園全体として注目されることは、英語教育をことのほか重視していることだという。幼稚園から英語指導をはじめ、小学校では外国人教師による指導をとり入れた英検五級を、中学では英検二級を目指し、上級者は国際的評価基準であるＴＯＦＥＬの受験指導をはじめている。さらに高校では「グローバル・シティズン・コース」を新設、英語による対話形式の授業をもとり入れて、海外の大学進学を目指している。すでに平成二十三年度には、ハーバード、ペンシルバニア州立などの大学に合格しているとのことである。雙葉学園はグローバル・シティズンとして「神の恵みに感謝し、地球社会の一員として自覚して行動する人間の育成」という、今の時代に即応した教育を目標に歩んでいるという。

福岡海星女子学院

福岡海星女子学院は、福岡におけるキリスト教主義学校としては最も新しく、戦後に創設されている。

昭和二十五年、時の福岡司教深堀仙右衛門は、福岡教区内にカトリック精神にもとづく、総合病院を設立することを願い、「マリアの宣教者フランシスコ修道会」の管区長シスター・セルヴェロンに強く要請されたことがある。この深堀司教の要請が発端となり、曲折を経て、やがて海星女子学院創設の運びとなるのである。

マリアの宣教者フランシスコ修道会は、観想と奉仕の生活を通して、神の愛がすべてに勝ることを証し、仕えることを目的とした修道会であり、聖フランシスコの精神と生き方を模範として、共同生活と国際的宣教を特徴としている。このことから、明治三十一年、ハンセン病患者の収容と看護にあたっていた、ジャン・マリー・コールの熊本での事業を受継ぐため、修道会のマリー・コロンブ・ド・ジェスらが熊本に着任し、島崎町に病棟を完成、さらに社会福祉施設を設置して、地名から「琵琶崎保労病院」と称した。

さらに、この修道会は戦前、東京・新宿に国際聖母病院をはじめ、その他の病院も開設している。このような修道会の顕著な働きのゆえに、福岡教区内にはカトリック精神にもとづく病院がいまだ存在していないことから、深堀司教はこの修道会に福岡での総合病院創設を要請したのであった。

福岡海星女子学院

そこで、まず福岡という土地に対する理解を得るということから、福岡修道院が創設されることになり、深堀司教は自らの持屋を修道会のために無償で貸与したのである。かくして、昭和二十六年、高宮の地に、福岡修道院が誕生した。当時の修道院長はカナダ人のシスター・ルメー・エンマであった。修道会発足と同時に、シスターたちは近くの子どもを集めて非公式の保育をはじめ、次第に子どもが増えるにともない、シスター・エンマは市役所に幼稚園開設の手続きをとり、市の認可をえて翌年、「マリア幼稚園」が誕生したのである。

もちろん、当初の目的である病院開設の準備も進められており、病院用地として大字塩原字向野の土地を購入した。ところが諸般の事情で建設工程が遅延している間に、この地域に大きな変化が生じたのである。すなわち、至近の場所に、九州中央病院および福岡赤十字病院といった総合病院が、相次いで建てられたことである。このことは、この地に新たな病院の開設の可能性がなくなったことを意味したわけである。

このような事情から、修道会は深堀司教に病院新設が不可能になったことを申し出た結果、司教は修道会が福岡に存在することを希望し、病院新設が不可能であるのであれば、カトリックの精神にもとづく学校の新設を強く勧めたのであった。かくして、病院創設という当初の目標は、学校創設へと大きく変更されることとなった。修道会では昭和二十六年に神戸海星女子学院を、昭和二十九年には宇都宮海星女子学院を設立しており、その経験を生かして、福岡でも学校を新設する事業に着手することになったのである。

さて、病院から学校の創設に変更ということになると新たな問題が生じてきた。県の学事課の指摘によれば、何よりも病院用地として購入した土地が、学校用地としてはあまりにも狭すぎること、そして今ひとつは隣接地に純真高等学校が存在していることであった。

したがって、塩原の土地に代る学校敷地探しがはじめられた。実務は西鉄不動産が担当し、現在地の老司に約二万四千坪の広大な丘陵地がみつかり、昭和三十七年、学校法人海星女子学院所有地として所有権の移転登記が完了、翌年から建築工事がはじまった。工事は入学式直前まで続けられたが、一部の内部工事は未完成のまま、開校の日を迎えたのである。

福岡海星女子学院の校舎

入学式は昭和三十九年に行われ、高校生五十三名、中学生十四名が入学した。マリア幼稚園は十二年間の高宮での歴史を閉じ、老司の新園舎に移った。入学式に遅れること二カ月、六月に開校式・祝別式が、深堀司教、修道院管区長を迎えて盛大に挙行された。玄関のテープ・カットは司教自らの手で行われた。こうして、高校・中学・幼稚園、のちに設置される小学校をふくむ学校法人海星女子学院が認可されたのである。
海星女子学院の教育指導のためのモットーは、

「愛をもって真理にむかう」ということで、カトリック精神を基盤とする人間教育、豊かな個性を育む少人数教育、国際性を培う国際教育、英語教育が具体的にあげられている。生徒の豊かな個性の伸長、自由闊達で自主性を育成するとともに、英語教育の充実がはかられている。とくに注目すべきことは、高校カリキュラムのなかに、視野の広い国際感覚をもつ人間養成のため、留学生コースが設定されていることであろう。すでにアメリカやオーストラリアへの留学が試みられている。同時に、台湾やオーストラリアからの交換留学生の受入れなども積極的に推し進めている。

海星女子学院においては、その設立母体であるマリアの宣教者フランシスコ会の基本的理念、すなわちアッシジのフランシスコの愛の精神と生き方を模範とする実践が重視されている。このことは修道会の熊本その他の地での働きにも示されているが、海星教育の場においても、こうした実践と配慮を怠らない姿勢が貫かれているとのことである。

もちろん、教育内容・カリキュラムの充実とともに、教育施設の充実にも大きな配慮がみられる。玄関周辺の芝生、庭石と樹木による造園は見事である。また、小学校には自然林を生かした「ガイアの森」があり、小学校のみでなく幼稚園、高校の自然学習に利用されている。ともかく、都心をはなれた閑静な緑につつまれた環境のなかに建てられた白亜の校舎は、海星教育の場にふさわしいと思われる。

神学校

「日本人への伝道は日本人伝道者の手によるべきである」

このことは、日本に派遣されたすべての宣教師が等しく抱いていた願いであった。古くはキリシタン時代には、日本人伝道者養成のためのセミナリヨ・コレジヨが各地に設立されたことが知られている。幕末の開国直後の長崎では、キリスト教禁教令下であったにもかかわらず、カトリックの伝道者養成のための神学教育が開始されている。ついで、禁教令が撤廃されたのちには、プロテスタント系の教派神学校が設立され、日本人伝道者の育成に力がそそがれている。ここでは、福岡の地における伝道者養成のための神学校についてのべることにしよう。

バプテスト神学校

福岡市における最初の日本人伝道者養成のための神学教育は、バプテスト教会の宣教師によってはじめられている。明治三十二年、同教会宣教師ウワーンが、私塾的な神学教育を行った、と伝えられているが、詳細なことは不明である。さらに、明治三十六年に、大名町の宣教師マッコーラム宅で、一時中断されていた神学教育が再開された。神学生はすでに伝道にあたっていた二名だったという。これが神学教育に関する最初の記録である。しかし、教師・神学生ともに伝道に忙殺されていたために、一年余で廃止されたという。

ついで明治四十年、前に西南学院の項で述べたドージャーは、アメリカのミッション・ボードに書簡を送り、日本人伝道者養成の必要性を訴え、また、長崎で伝道中の千葉勇五郎を福岡に呼び寄せて、神学校設立の準備にあたらせた。そしてこの年、千葉を校長に七名の神学生で、福岡バプテスト神学校が開校した。大名町に校舎、寄宿舎が建てられたが、明治四十三年、第一回卒業生三名を送り出したのみで閉校となった。閉校となった理由は、日本で伝道していたバプテスト二団体（アメリカ・北部と南部バプテスト）が、ともに設立した神学校を合併することにしたからであり、東京小石川の仮校舎の神学校に、福岡から六名の神学生が入学した。

なお、この大名町の神学校校舎は、のちの大正五年、創設の西南学院校舎として使用されることとなった。そして、大正七年に西新校地に移築され、さらに神学科校舎として、戦前戦後、神学科の干隈校地移転まで長く使用されたのである。

それはともかく、期待をもって発足した日本バプテスト神学校であった。しかし、必ずしも教授陣は充実されることなく、まともな校舎もないという有様で、九州からは距離的にかなり不便だということから、やがてそれぞれのバプテスト神学校へ分離の方向が模索されはじめ、大正八年に解散されることとなった。

一方、福岡で新たに創設された西南学院においては、大正十年に高等学部を設置、中学部・高等学部と並んで神学部の開設を定めている。諸般の事情から、翌年高等学部の一学科として神学科がスタートすることとなった。すなわち、高等学部の文科・商科とともに、予科二年をもった修業年限五年という神学科が認可され、待望の神学科の授業が福岡で開始されることとなった。

その後、高等学部神学科はバプテスト教会の牧師・伝道者養成という課題と期待を担ったが、やがて第二次世界大戦の荒波によって、大きな変化をたどることとなる。とりわけ、日本基督教団成立後は文部省の強硬な指導もあり、教団加入前の旧教派神学校、たとえば青山学院神学部、日本神学専門学校などとともに、西南学院神学科は東部神学校に統合を余儀なくされた。昭和十八年のことである。

戦後の昭和二十二年、多くのバプテスト教会員の関心が神学科再建にむけられた結果、神学科は西南学院専門学校の一学科として復活した。日本基督教団を離脱し、新たに組織された日本バプテスト連盟も、教会の使命と将来を担う伝道者養成の必要性から、再開された神学科の運営に、全面的に協力することとなったのである。

ついで、戦後の教育制度改革にともない、西南学院専門学校は大学設置を文部省に申請、昭和二十四年より西南学院大学を開設することになった。神学科は、翌年、大学組織のなかに組み入れられ、学芸学部に英文学専攻、商学専攻と並んで神学専攻が設けられた。その後、学部名変更があり、文商学部神学専攻となり、さらに文商学部が文学部と商学部に分離したことから、文学部神学科と変更され、併せて専攻科も設置されることとなった。

このような伝道者養成面での充実に加えて、新たに神学科校舎の建設が立案された。神学科は発足当初から、かつて大名町にあった旧神学校校舎を、西新校地内に移築して使用していたが、かなり老朽化が進んでいたこと、および教室数の不足と、増加した図書が収容できなくなったために、かねてより所有していた干隈校地に新築移転することとなった。新校舎は昭和三十年に竣工、先に建築されていた神学寮とともに、神学生の勉学と生活の場となったのである。およそ五百名の神学生が学んだこの干隈の校舎と寮は、平成十三年をもって幕を閉じ、西新校地へと移転したのである。

とりわけ、バプテスト教会の牧師・伝道者養成に貢献してきた文学部神学科であったが、教授陣の充実と勉学環境の整備にともない、神学部という独立した学部への昇格がはかられた。昭和四十一年に、文部省の大学設置基準を満たしての認可をえて、神学部は発足したのである。西南学院神学部は西日本で唯一の神学部であり、牧師・伝道者の養成のみでなく、ひろくキリスト教研究の拠点のひとつとして活躍を続けており、旧約聖書考古学の関谷定夫（名誉教授）、新約聖書学の青野太潮、バルト神学の寺園喜基といった教授の名前は、よく知られているところである。

西南聖書学院

バプテスト教会の伝道者養成機関として、右にのべた西南学院神学部（科）が大きく機能したことは否定できない。とはいえ、戦後のキリスト教ブームによって、キリスト教伝道がいたって熱心に行われ、そのために神学科卒業の牧師・伝道者のみでは要請に応えることができなかった。また、種々の事情で大学入学資格のない、伝道者志望者が多く存在したことから、昭和三十六年に西南聖書学院が開設された。

西南聖書学院は大学令による大学ではないために、入学資格はバプテスト教会で四年以上の信仰生活を送っている、二十五歳以上の義務教育終了者で、所属教会の推薦書のある者にひろげられた。修業年限は三年、また、教育内容も濃厚な学問的色彩を避け、外国語テキストを使用しないこととし、聖書神学と実践部門に重点がおかれた。ほとんどの教科目は、神学科専任教員が担当した。なお、この聖書学院は神学科（部）とのカリキュラムの一体化がはかられ、また専任教員も置かれなくなるといった、発足当初の存在理由が不明確になったことから、昭和五十年をもって廃止された。

日本聖公会福岡神学校

西南聖書学院と同様に、今日ではすでに廃校になってしまっているが、かつては多くの成果をあげた神学校が、今ひとつ福岡に存在していた。日本聖公会福岡神学校がそれである。

聖公会では禁教令撤廃後の明治八年、長崎に着任したモンドレルが、翌年長崎東山手の自宅で、日本人伝道者養成のための神学塾を開設し、それを「聖アンデレ神学校」と命名、本格的な伝道者養成をはじめたのである。しかし、明治十七年、大阪に聖三一神学校が開設されたのを機に、モンドレルの反対も空しく、明治十九年廃校の憂目にあってしまった。

それからおよそ三十年後の大正四年、ときの九州教区主教アーサー・リーは、九州教区で伝道の任にあたる伝道者を、九州の地でかつてのように自らの手で育てたいとの願望から、先輩宣教師モンドレルを範として、福岡に神学校を設立することにしたのである。

福岡神学校発足当初は、主教リーの私的な伝道者養成機関であったが、その成果がひろく認められるにしたがって、宣教師を派遣している母体団体の英国教会宣教協会の経営するところとなった。大名町の主教館を校舎として使用していたが、大正九年、本庄町（現・中央区薬院城東橋のそば）の地に、校舎および寄宿舎を新築して移転、大正十四年にはさらに、礼拝堂をも増築し、福岡アルパ教会あるいは近郊の聖公会司祭、宣教師が教育の任にあたり、内外ともに整備されていった。神学生も九州はもとより全国から集り、大正九年の移転を機に、専門学校令による文部省の認可の神学校にまで成長したのである。

多くの司祭・伝道者を養成した聖公会福岡神学校ではあったが、昭和九年に閉校となった。閉校の事情に関する記録が見出せないので、その間の事情を詳らかにすることができないが、おそらく、時代の趨勢による神学生数の激減によるものと思われる。

福岡サン・スルピス大神学院

サン・スルピス大神学院は福岡にあって、六十年の長きにわたり、カトリック教会の司祭養成を行ってきた神学教育の機関である。城南区松山の旧陸軍演習場で約三万坪の広さの校地に、緑にかこまれた美しい赤い屋根に白亜の校舎と聖堂は、神と人とに仕える司祭の育成の場としては最適と思われる。平成二十一年からは「日本カトリック神学院」として、東京と福岡の両地で司祭養成にあたることとなり、サン・スルピス神学院の名は過去のものとなった。ここでは、サン・スルピス大神学院について、あらましのべてみたい。

サン・スルピス大神学院の「サン・スルピス」とは何を意味するのか。サン・スルピスは一六四二（寛永十九）年パリにおいて、ジャック・オリエによって創立された教区司祭の男子修道会の名であり、その活動はフランスから全世界にひろがっている。とりわけ、将来の教区司祭養成をその目的としている。日本には昭和八年、最初のサン・スルピス会員が渡来している。各地で活動していたが、とくに昭和二十三年以降、六十年にわたり福岡サン・スルピス大神学院の運営にあたってきた。

福岡におけるカトリック神学校の歴史は、昭和七年にさかのぼる。当時の福岡司教ブルトンは司教着座後に、大名町教会伝道館に「福岡公教神学校」（小神学校）を開設したことによる。神学生は十八名、教師四名の陣容で、校長はパリ外国宣教会のフレデリック・ボアであった。この年にかねてより建築中であった御所ヶ谷に校舎が竣工して移転、「カトリック学院」と称している。

翌年、平尾杉谷（現・中央区山荘通）に新校舎が完成して移転した。さらに、その翌年には各種学校の認可を受けて「平尾学院」と改称し、学則の改正により五年制となり、昭和十一年には、県学事課より中学校として認可され、「泰星中学」となった。いわゆる中等学校教育に加えて、ラテン語などの神学教育も行われた。しかし、戦争の激化にともない、泰星中学の小神学校的性格は薄くなり、戦後、普通教育の中学となった。いわば福岡公教神学校の後身が泰星学園（現・上智福岡中学高等学校）ということである。これはすでにのべたところである。

さて、来日したサン・スルピス会であるが、まず一九三七（昭和一二）年に、大牟田市に予科（哲学科）神学校を創設した。これは大神学校に進学するための予科であり、ラテン語の習熟とともに、哲学・神学の予備知識をあたえる場であった。大牟田に開設したのは、サン・スルピス会のマルタ・ホンカズが大牟田教会の主任司祭で、教会建築をも担当し、司祭館を神学校として用いたからであるが、二年後にそこを離れて福岡の大濠に移転している。

戦争のかげが色濃くなるにつれて、サン・スルピス会の教師たちは神学校維持に努力を重ねたが、つまるところ軟禁状態におかれ、神学生も次々と軍隊に召集されたり、工場に徴用されたりして、ついに一九四三（昭和一八）年閉鎖のやむなきにいたった。戦後、収容所から開放された神父を中心に、一九四六（昭和二一）年予科神学校は再開され、神学生も徐々に帰ってきて、授業が開始された。

他方、カトリック教会の日本司教団では、司祭養成の大神学校問題が取り上げられ、東京の大神学校についで、司祭志願者の多い九州の大神学校が、福岡に設立されることを教皇庁布教聖省より認められた。このようにして、一九四八（昭和二三）年四月、浄水通の司教館などを用いて、福岡サン・スルピス大神学院が開学、初代院長には創設に尽力したサン・スルピス会のアンリ・ロビヤールが就任した。神学科四年、哲学科二年、予科（ラテン科）二年の八年制の教育であり、八名の教授陣に対して、神学生は長崎と福岡の神学校で学んでいた者など七十名であった。

浄水通の司教館はあくまでも一時的な仮校舎にすぎず、本格的な神学教育の場が求められた。多くの困難の末に、現在地（城南区松山）の旧陸軍演習場であった国有地を購入することができ、この地に校舎が建てられることとなった。鉄筋コンクリート四階建て（地下一階）の白亜の新校舎が昭和二十六年に完成、落成祝福式とミサが執行された。かくして、内容外観ともに整った大神学院に関して、当時の地元新聞は「宛ら豪華ホテル　五階建・洋服ダンスまで備え付け・サンスルピス大神学院が落成」との大きな見出しの記事を載せている。

昭和四十八年は大神学院創立二十五周年、サン・スルピス会来日四十周年にあたり、十一月二十一日聖マリアの奉献の日に、内外の関係者や卒業生多数を迎えて記念の式典が行われた。さらに、昭和五十一年には教皇庁教育省より、ローマ・ウルバニアナ大学神学部日本校に指定する旨の通告があり、福岡サン・スルピス大神学院修了者には、同大学神学士の称号が授与されることとなった。

神学院の目指すところは、その時代にかなった、その時代の人々にキリストの福音を伝える、よりよき教区司祭の養成にある。この目的を果たすために、神学院はつねに刷新されていかなければならない。このような意図から、東京カトリック神学院と福岡サン・スルピス大神学院が合同して、平成二十一年より「日本カトリック神学院」が開設されることになった。神学生は、東京カトリック神学院の東京キャンパスにおいて、哲学科の二年間、ついで福岡サン・スルピス大神学院の福岡キャンパスで神学科三年、そして再度が東京キャンパスにおいて神学科四年として、司祭教育を受ける、というシステムである。この合同は日本のカトリック教会の「宣教司牧」の大きな責任を果たしていくための、「決断であり挑戦でもある」という、刷新の成果が期待されるところであるといえよう。

福岡のキリスト教諸団体

福岡キリスト教青年会（YMCA）

キリスト教青年会（YMCA）は、キリスト教精神を基盤として、会員相互の交わりを通して、人格の陶冶《とうや》とりわけ社会奉仕の精神を涵養し、キリスト教的理想社会の実現に向けて、弘化元（一八四四）年にロンドンで組織された世界的団体である。

発足当初はイギリスの産業革命時の青少年労働者の生活改善と信仰の振起、人格的交わりといった活動を行った。この運動は急速に世界的規模にひろまり、安政二（一八五五）年パリで世界YMCA同盟が結成された。日本においては、明治十三（一八八〇）年に最初のYMCAが東京で創設された。今日の組織、日本キリスト教青年会同盟は、明治三十六年に結成されている。

　福岡におけるキリスト教青年会の動きは、前にのべた福岡での最初のプロテスタント三教会、つまり組合、メソジスト、聖公会の各教会青年の有志が、明治二十年に、その頃全国各地で湃澎《ほうはい》として生じつつあったキリスト教青年会運動に呼応して、「未信者青年輩の怠惰不品行を更正」せしめることを目的に、「基督教青年会」を結成したことである。「北筑基督教青年会」とも称したようである。

　この青年会組織を母体としたと推定されるが、新たに福岡伝道を開始した浸礼（バプテスト）、日本基督といった教会の青年が加わり、ともに相携えてキリスト教精神による人格の陶冶、あるいは社会改良運動を目的に、改めて明治三十三年を期して「福岡基督教青年会」を発足させ、メソジスト教会牧師小坂啓之助を会長に選出したのである。この会は全国の基督教青年会とも有機的な関係を保ち、やがて大正二（一九一三）年、九州帝国大学教授荒川文六を会長に、日本基督教青年会同盟に正式加入の運びとなるのである。いわばこれまでの一連の動向が、前史として今日の福岡ＹＭＣＡの発展に繋がるということができよう。

　ちなみに、明治三十六年に、京都帝国大学福岡医科大学（現・九州大学医学部）が福岡に設置されるにおよび、同大学学生キリスト者有志により、「福岡医科大学基督教青年会」（現・九州大学キリスト教青年会）が組織され、ほどなく会館（寄宿舎）を設けている。

その後の福岡基督教青年会の動向は詳らかでない。その間、学生基督教青年会の動きはいたって活潑で、全国大会に代表を送ったり、会館でのさまざまな催しなど顕著な動きをみることができる。福岡基督教青年会が積極的な活動をするのは、むしろ戦後になってからのことといえよう。

戦前から北京のＹＭＣＡ運動に関っていた別所健二郎が福岡に引き揚げてきて、福岡警固教会に寄寓して福岡ＹＭＣＡ主事に就任、荒川文六を理事長に福岡ＹＭＣＡの再建をはかった。昭和二十一年のことである。事業としてＹＭＣＡ英語学校を開設、当時福岡に駐留していたアメリカ軍人やその夫人たち、のちには福岡女学院の宣教師などが講師を担当している。この英語学校は福岡ＹＭＣＡの伝統的事業のひとつとなり、今日にいたっている。

ところで、福岡ＹＭＣＡは、次項にのべる設立後ほどなく会館を取得した福岡ＹＷＣＡと異なり、特定の会館を所有していないがために、理事会などでは常々会館建設が論議されていた。しかし、充分な資金が用意されず、天神周辺のフジビル、三和ビルなどに間借りしての活動が続いた。そういうなかで、昭和五十八年、ときの理事長末永直行の母堂文子から、七隈の現在地が寄付されることとなり、念願であった会館の建設計画が、現実のものとなって動きはじめたのである。

かねてよりＹＭＣＡ同盟が所有し、のちに福岡ＹＭＣＡが譲り受けていた城南区別府の土地を売却し、それを基金に寄付された土地に、会館を建設することとなった。そして、新会館を用いての主たる事業は、従来からの英語コースを中心とする英語専門学校を設置することであり、そのために昭和六十年、学校法人「福岡ＹＭＣＡ学園」設立と、専門学校認可の手続きを進めたのである。認可された学校は当初、英語科とホテル科の二科からなる「福岡ＹＭＣＡ英語学校」であったが、校名は「福岡ＹＭＣＡ国際専門学校」から、日本語科、社会福祉科を増設したために、現在の「福岡ＹＭＣＡ国際ホテル福祉専門学校」と改められている。今日の時代の要請に応えるためであったが、残念なことに、ホテル科は学生数の減少のため現在は休科となっているとのことである。

福岡ＹＭＣＡのユニークな活動のひとつに、ペシャワール会に対する積極的な協力がある。ペシャワール会とは、医師中村哲が昭和五十九年にパキスタン北西境州の州都ペシャワールに赴き、ハンセン病コントロール計画を中心とした貧民層の診療に携っている事業の支援団体である。中村は昭和六十一年からアフガン難民の救済事業にものり出し、アフガン北東山岳部に三カ所の診療所を設立している。昭和六十三年には基幹病院をペシャワールに建設して、病院であるいは巡回して診察にあたっている。

平成十二年以降は、井戸掘りから水源確保のための用水路掘削を試み、全長二五・五キロの灌漑水利計画に着手、実現させていることはご存知の方も多いと思う。福岡ＹＭＣＡはこの中村のペシャワール会を、発足当初から積極的に支援しているが、逆にペシャワール会を通して多くの人々がＹＭＣＡの活動を知り、会員となって協力しているとのことである。

今ひとつ、ユニークな活動を紹介しておこう。それは「森林ボランティア」という働きである。福岡市は慢性的な水不足に悩まされており、生活用水の三分の一を筑後川から取水している。その筑後川の水源のひとつに大分県日田市の中津江村がある。この中津江村が平成三年、台風で大きな山林被害を受けたことから、翌年より「森林ボランティア」がスタートし、植林、下草刈り、間伐などにあたり、植樹した苗木は約一〇万本に達したという。

とくに、平成十四年、サッカー・ワールド・カップ出場のカメルーン・チームが中津江で合宿することとなり、福岡ＹＭＣＡの専門学校ホテル科などの学生が、合宿地の鯛生《たいお》スポーツセンターでの宿泊や食事に協力したとのこと。社会奉仕と国際性を重視するＹＭＣＡにふさわしい活動ということができよう。

ともあれ、福岡ＹＭＣＡは七隈本校や天神校での語学教育にとどまらず、ペシャワール会のような事業を支援し、さらには、たとえば「森林ボランティア」といったさまざまなボランティア奉仕活動、あるいは国際的視野に立脚して、青少年に対する健全なスポーツ指導などの社会活動を行っている団体である。

福岡キリスト教女子青年会（YWCA）

キリスト教女子青年会（YWCA）は、十九世紀イギリスの産業革命期に、農村部から都市部に出てきた若い女性たちを、キリスト教的愛の精神にもとづき、精神的に支え、また宿舎提供といった奉仕活動をする団体として、明治十一年にはじまった。明治二十七年世界YWCAが創設され、日本にもYWCAを作ることが女性宣教師より提言され、明治三十八年、日本基督教女子青年会（日本YWCA）が発足、ついで津田塾大学の創設者津田梅子を会長に、東京YWCAが発会式をあげている。その後、横浜、大阪、神戸などにもYWCAは組織されている。YWCAはキリスト教精神を基盤に、女性の人格形成と自己陶冶、同時に社会の啓発と奉仕を目的としており、そのための活動を各地で展開している国際的組織である。

福岡においては、戦後、人間として成長していくための精神的より所として、YWCAを組織しようとする気運が醸成されてきた。当時の福岡女学院長徳永ヨシのこの運動に対するあふれる熱意が、この気運を推進させる原動力であった。徳永のイニシアティブのもと、昭和二十三年、福岡女学院において福岡YWCAの発会式がとり行われ、徳永を初代会長に推挙した。

福岡YWCAは発足して以来、ぜひとも自らの会館をもちたいとの願望が高まり、アメリカYWCAからの援助に加えて、会員による懸命の募金活動の結果、現在地（当時・西職人町、現・中央区舞鶴）を入手、建築は辻組（現・九州建設）社長辻長次郎の好意と責任で、二階建ての美しい会館が完成した。昭和二十六年のことである。

会館建設と同時に、当時の社会的ニーズに応えて、児童福祉施設の保育所「めぐみ子供園」が設立された。福岡YWCA創立以来、社会的ニーズに応える最初の奉仕活動ということができよう。しかし、木造の会館、ことに保育室は年とともに老朽化が進み、白蟻の侵蝕もはげしく、修理につぐ修理はYWCAの財政を極度に圧迫した。良心的保育所との高い評価を得ていた「めぐみ子供園」であり、園存続の強い要望もあったが、廃園せざるをえなかった。会館ではピアノ、ヴァイオリンの教室をはじめ、英語クラスその他料理、華道、書道などのクラスが開かれている。

昭和三十年代の後半からの高度経済成長期には、石炭から石油へというエネルギー革命のために、筑豊炭鉱の閉山が続いた。そのために失職し、生活保護などを受けながら生活している人々の救済を目的とした「黒い羽根運動」がはじめられた。福岡YWCAはこの運動に積極的に参加している。前後九回にわたり、衣類その他の救援物資を届けるかたわら、給食活動の一環として温いミルクを配給した、いわゆる「ミルクステーション運動」を行った。

また、現地の子ども達に、ドーナツ、おむすび、豚汁などを持参して訪問、散髪なども行っている。

いうまでもなく、YWCAはキリスト教的精神の基盤に立っての、女性の自己形成と社会改善運動を目指している団体である。それゆえに、キリスト教信仰の根源ともいうべき聖書研究は、YWCAとして欠くことのできない行事である。したがって、創立当初からこの聖書研究の催しは続けられ、市内の牧師や大学教師を講師に、「聖書を学ぶ会」は継続されている。

同時に、福岡YWCAは平和・民主主義・憲法を守る運動にも積極的にかかわっている。平和憲法を守るための「憲法教室」を開催、「平和のとりで―私たちの憲法」というイベントを開いたり、定期的な憲法の勉強会が計画されている。とくに、二度とあのような戦争の悲惨さをくり返すことのないように、憲法と平和・民主主義を守るという願いが、YWCAのすべての活動にこめられているといえよう。とりわけ、最近では「核」問題がよく取り上げられているということである。

すでにふれたように、昭和四十年代の中頃には、旧木造会館の老朽化にともなう修理費の増大から、会館改築の必要性が叫ばれ、委員会はその対応に苦慮していた。小笹地区への移転の話もあったが、この折も辻長次郎の助言と援助があり、便利な現在地で会館を改築することになり、昭和四十六年、新会館の献堂式が挙行された。その後、会館の一部を改装して、YWCA発足時からの伝統ともいうべきホテル事業にのり出し、日本人のみならず、多くの外国人をふくむおよそ一万人の宿泊客を受け入れた。親切な接待の上に安価な宿泊費で好評を博していたが、周辺の至便な場所に多くのビジネスホテルが開業するなどの事情から、平成九年、閉鎖を余儀なくされた。

今日まで継続されている福岡YWCAの顕著な活動のひとつは、日本語教師養成講座の開設であろう。日本の国際化にともない技術研修者の来日、留学生の増加あるいは中国残留孤児の帰国といった、日本語の学習希望者にとって、日本語教師の必要性は当然のことであった。

日本語教師養成講座は大阪YWCAが昭和四十四年、神戸YWCAが昭和四十八年に開講し、かなりの実績を積んできた。しかし、当時神戸以西には養成講座がまったく存在しなかったことから、福岡YWCAがその講座開設の準備にとりかかり、大阪、神戸の先輩YWCAの協力をえて、昭和五十八年、福岡YWCA創立三十五周年記念事業として、日本語教師養成講座が開始されたのである。

さっそく、福岡市、福岡県内はもとより、山口、長崎、熊本などから続々と申し込みが殺到し、予想をこえる六十数名の第一期生の参加者があった。神戸以西にこうした養成講座がなかったこともあり、それだけの需要があったのであろう。発足当初は初級・中級・上級と三年制であったが、今日では一年半のコースとなっている。さらに、この年九州大学留学生会館が香椎浜に建設され、そこに居住する留学生およびその夫人たちのための日本語教室も開かれ、一期生がボランティアとして日本語教育にあたったという。今日までの約五百名の養成講座終了生のなかには、九州大学留学生センター助手に採用された者、海外青年協力隊の日本語教師として外国に派遣された者、その他大学や高校、専門学校で日本語を教えている者たちを輩出している。

もちろん、ＹＷＣＡ会館を会場にして、中国、韓国からのビジネスマンやその家族、とくに子どもたちの日本語教育や、会話ができても漢字を書けない人のための識字教育なども行われている。市の教育委員会の要請で、公立小学校在学の外国人児童に、日本語を教える特別クラスを担当する教師も派遣している、とのことである。

福岡ＹＷＣＡで非常に興味深いことは、名称はＹＷＣＡつまり「キリスト教女子青年会」であるにもかかわらず、若い女性とともに、「むかし青年、今高齢者」の多くの人々が、このような社会奉仕活動に、かなり積極的にボランティアとして参加していることである。たとえば、手仕事、点訳、子育て支援、日本語教育などである。こうした諸活動にボランティアとして参加している高齢者は、人生経験も長く豊かなことから、若い人あるいは児童のためにも良き働きをしている、と高く評価できそうである。

福岡基督教信徒会

福岡のプロテスタント系諸教会の信徒有志を中心に結成された団体である。この会は「会員相互の親睦修養を図り、以て神の国建設の為に教会間の連絡と協力に務むることを目的」（会則第二条）に、昭和二十五年、福岡中部教会を会場に結成され、初代会長に荒川文六が推された。当初はプロテスタントのみであったが、のちにカトリック信徒の加入も歓迎されるようになった。初期には牧師を招いての月例会を催していたが、最近では新年礼拝、イースター早天礼拝、市民クリスマス、教職者招待の会などを主催している。市民クリスマスは昭和二十四年、福岡ＹＭＣＡおよびＹＷＣＡの共催ではじめられた。しかし、信徒会とその一部でもあった福岡キリスト教連合の人々が、それを継承したものの、実質的には信徒会の人々がその中核を占めていたために、今日では信徒会の責任のもとに実行委員会が組織され、その企画にもとづいて開催されているとのことである。

日本国際ギデオン協会福岡支部

国際ギデオン協会とは、明治三十二年、アメリカで個人伝道を行うため、セールスマンによる組織が発足し、名称を旧約聖書に登場する古代イスラエルの英雄の名をとって、「ギデオン協会」と定めた。人々を導いて、キリストの救いにあずからせることを目的とした。とくに、そのために聖書を配布することに努めている。

日本では戦後連合国軍総司令官のダグラス・マッカーサーが、民主主義日本の建設に一助とするために、聖書配布を国際本部に依頼したことにはじまるといわれている。昭和二十五年、国際代表が来日し、東京に支部が設けられた。福岡は東京、大阪についで三番目の支部で昭和二十七年に組織され、当時の福岡県知事杉本勝次もこれに参加している。主たる活動は新約聖書をホテル、病院などに無料で備えつけたり、学生、看護師などに贈呈することである。福岡支部の第一回贈呈式は、結成の年、九州大学医学部講堂で開かれ、約八百冊の新約聖書が贈られたという。

むすびにかえて

ここでは、本書の要約をかねて、福岡キリスト教の特徴といえるものがあるとすれば、それを指摘してむすびとしよう。

福岡におけるキリスト教の歴史は、十六世紀中葉イエズス会士、フランシスコ・ザビエルの来福にはじまる。その間に約二世紀半ほどの空白期間があるとはいえ、ザビエルの来福以来四六〇年余の歳月を有している。

キリシタン時代には、戦国の世のために相続く戦乱に妨げられて、とくに長崎や豊後大分と比較して、福岡においてはさほど顕著なキリシタンの動きをみることはできない。しかしながら、福岡藩始祖シメアン黒田如水のきわ立った貢献により、十数年間の短期間とはいえ、博多の教会がいたって大きな繁栄を示したことが知られている。

とはいえ、福岡・博多のキリシタンに関する細部にわたっての調査研究は、いまだの感を否定できない。たとえば、博多の教会とりわけ如水の追悼記念聖堂がどこに所在したのかなど、何ひとつ特定されていないのが現状である。文献文書による究明とともに、今日、市内の各所で実施されている発掘調査から、長崎のサント・ドミンゴ教会跡のような、今後より具体的なキリシタン教会の遺構・遺跡の発見、発掘がまたれるところである。

明治に入ってからも、福岡は必ずしも九州におけるキリスト教の先進都市であったわけではない。むしろ後進地というべきであろう。九州においては、何よりも開港地のひとつである長崎が、キリスト教の唯一の前進基地であり、キー・ステーションであった。そして、長崎のカトリックをはじめ、プロテスタント各教派の宣教師、あるいはかれらに育てられた日本人伝道者が、長崎から鹿児島、熊本、佐賀といった明治期の主要都市に伝道の手を伸ばしている。

しかし、福岡伝道はそれに比して、かなり遅れているというのが実情である。明治十二年の組合教会の伝道が、明治期福岡での最初のキリスト教伝道ではあっても、それはむしろ偶然による出来事というべきである。たまたま、「福岡の変」のために兵庫監獄に収監されていた者たちがキリスト教に触れ、釈放され帰郷したことが、福岡伝道の発端になるのである。事実、組合教会中枢部における本格的な九州伝道の対象地は、当時政治経済の中心地熊本に向けられていたからである。この時期の九州における福岡の地位からすれば、福岡に先んじて熊本が伝道地として選ばれたのは、けだし当然というべきであろう。

主要各教派による本格的な福岡伝道は、明治中期にはじまっている。カトリック、メソジスト派、聖公会の福岡伝道は、ともに明治二十年前後である。以後、九州における行政経済そして文教といった福岡の地位が相対的に上昇し、都市機能が拡大充実してくるにともない、キリスト教の伝道対象地としての福岡の価値および意義が認識され、多くの教派による福岡伝道が試みられるようになるのである。この点に関しては、福岡が次第に重要性を増してくる中国大陸への出入口という地理的条件も、また加味されなければならないであろう。

明治末期から大正期にかけて、各教派教会が競って福岡に設立されることになるのは、右にのべた事情、つまり福岡の地位の上昇と大きく関係していると推察することができるのである。また、九州で唯一の帝国大学、九州帝国大学が福岡に創設されたことも、大いに評価すべき点であると考えられる。すなわち、電気工学の荒川文六をはじめとして、豊田実（英文学）、佐野勝也（宗教学）、今中次麿（政治学）、大沢章（国際法学）といった著名な教授たちによる、福岡キリスト教発展への貢献を考えるとき、無視できない意義をもっているというべきであろう。

大正・昭和前期には、当時日本に存在した主要教派はもとより、ファンダメンタルな立場をとる、いわゆる「福音派」と呼ばれる教派をふくむ、ほとんどすべての教派教会が福岡に設立された、といっても過言ではない。しかし、その大半は福岡市の中心部、今日の天神を中心とする中央区、天神に至近の博多区の一部の都心に存在している。この事実は、日本のキリスト教の都市的性格を、福岡においても明確に示しているということができるのである。

同時に、福岡においてもキリスト教主義学校が創設されており、そこにおいて実施される青少年層への教育、とりわけキリスト教教育が高い評価を得て、教会の伝道活動を側面から支援、寄与している事実も忘れてはならないであろう。さらに、福岡では神学校の設立をもみることができる。かつて明治期の長崎が果たしていた、伝道者養成のための神学教育という機能を、福岡でも今日担っているということである。

戦時下においては、福岡のキリスト教界も日本各地のそれと同じく、人的にもまた物的にも大きな損失を被っている。戦後はいち早く復興し、とりわけ「キリスト教ブーム」にのって、戦前を大きく凌駕する活況を呈したが、反動期の到来とともに、平静さをとり戻してきている。他方、福岡市それ自体は、戦後、九州の中核都市として急速な成長と発展をとげている。度重なる町村合併で市域は拡大され、流入する人口は百万を大きく超すという、大幅な人口の増加をみるにいたっている。

かくして、都心部に所在する既存の諸教会は、市の周辺部あるいは郊外地に子教会を、ある教会は孫教会をすら生み出している。加えて、戦後新たに福岡伝道を開始した教派教会、あるいは特定教派に属さない単立教会などは、数十にもおよんでいる。明治期には十指にも満たず、戦前にあっても二十におよばなかった、福岡のキリスト教会の数であったが、今日では百に近い数のキリスト教会が、この福岡の地に存在しているのである。その動きのなかでも、福岡市に神学教育機関を有するバプテスト派の躍進ぶりには顕著なものがみられる。福岡はまさに、バプテスト王国ということもできようか。さらには、日本キリスト教団、日本聖公会、ルーテル教会といった諸教派は、九州教区事務所を福岡に設置している。

福岡におけるキリスト教の歴史を顧みてくると、キリシタン時代にはシメアン黒田如水の貢献により、短期間とはいえ、長崎、豊後大分に次ぐキリシタンの繁栄ぶりをみることができる。しかしながら、明治期に入ると、福岡は九州のキリスト教という視点からみれば、長崎、鹿児島、熊本に先行された、いわば後進地といってもさしつかえない状況であったといえよう。ところが今日では、九州における中核都市福岡市の地位に、まさに対応するかたちで、福岡キリスト教は九州のキリスト教の諸活動においても、中核的地位を占めて機能するにいたっている、と言っても過言ではないであろう。

福岡市に展開してきているキリスト教の最近の特徴をあえて問うとすれば、つぎの諸点を指摘することができよう。すなわち、何よりも福岡市の地位と重要性および市域の拡大にともない、教会の数が急増していることであろうか。そのなかでも、とりわけバプテスト教会の成長に著しいものがみられる。さらに、各教会において、キリスト教主義学校出身者による活躍が際立っている、といったことなどであろう。

■参考文献

キリシタン史

ユベルト・チースリク「慶長年間における博多のキリシタン」（キリシタン文化研究会編「キリシタン研究」第19輯、教文館、一九七九年）
ユベルト・チースリク「マトス神父の回想録」（「キリシタン研究」第24輯、一九八四年）
ヨハネス・ラウレス「筑前・筑後のキリシタン」（「キリシタン研究」第六輯、一九六一年）
フランシスコ・ザビエル（河野純徳訳）『聖フランシスコ・ザビエル全書簡』平凡社、一九八五年
河野純徳『聖フランシスコ・ザビエル全生涯』平凡社、一九八八年
B・T・プチジャン（浦川和三郎他訳）『プチジャン司教書簡集』純心女子短期大学、一九八六年
レオン・パジェス（吉田小五郎訳）『日本切支丹宗門史』岩波書店、一九六〇年
ルイス・フロイス（柳谷武夫訳）『日本史』（東洋文庫）平凡社、一九六三年
片岡弥吉『浦上四番崩れ』筑摩書房、一九六三年
家近良樹『浦上キリシタン流配事件』吉川弘文館、一九九四年

各個教会史

大名町教会百年史』大名町カトリック教会、一九八六年
『福岡警固教会八十年史』日本基督教団同教会、一九六五年
『福岡城東橋教会八十年を顧みる』日本基督教団同教会、一九七〇年
『福岡中部教会百年史』日本基督教団同教会、一九八五年
『回顧と展望―六五年の歴史から一〇〇年に向って』日本基督教団津屋崎教会、一九八五年
『福岡渡辺通教会開設百年史』日本基督教団同教会、一九九四年
『福岡女学院教会五〇年史』日本基督教団同教会、一九九七年
『日本基督教会福岡城南教会史』同教会、一九七三

年
『日本聖公会福岡教会百年史』同教会、一九八九年
『日本バプテスト福岡教会宣教百年の沿革』同教会、一九九二年
『宣教百年の歩み』日本福音ルーテル博多教会、二〇〇六年

教派史・教区史

小崎弘道『日本組合基督教会史』日本組合基督教会本部、一九二四年
湯浅与三『基督にある自由を求めて―日本組合基督教会史』私家本、一九五八年
日本基督教団史編纂委員会（編）『日本基督教団史』同教団出版部、一九六七年
峯崎康忠（編）『日本バプテスト連盟史』同連盟、一九五九年
福山猛（編）『日本福音ルーテル教会史』、同教会、一九五四年
梶山積『使命に燃えて―日本セブンスデー・アドベンチスト教会史』福音社、一九八二年
日本基督教会柳川教会（編）『日本基督教会鎮西中会記録』新教出版社、一九八〇年
九州教区歴史編集委員会（編）『日本聖公会九州教区史』同九州教区、一九八〇年
『日本基督教会九州中会史年表』日本基督教会九州中会歴史編纂委員会、一九八二年
九州教区九十年史編集委員会（編）『九州における伝道の歩み』日本福音ルーテル教会九州教区、一九八六年
関谷定夫「福岡地区バプテスト教会略史」『西南学院大学神学部報』No.二六、一九八八年
福岡教区（編）『萠芽―福岡教区五十年の歩み』カトリック福岡教区、一九七八年

キリスト教主義学校・団体史

西南学院学院史企画委員会（編）『西南学院七〇年史』同学院、一九八六年
福岡女学院百年史編集委員会（編）『福岡女学院百年史』同女学院、一九八七年
福岡海星女子学院（編）『福岡海星女子学院創立二

五周年記念誌』同女子学院、一九八八年
福岡雙葉学園（編）『創立六〇周年記念写真集』同学園、一九九八年
『福岡サン・スルピス大神学院一九四八―二〇〇八』編集委員会（編）『福岡サン・スルピス大神学院一九四八―二〇〇八』同大神学院、二〇〇九年
落合則男（編）『日本ＹＭＣＡ運動資料集』Ⅰ―Ⅲ、日本ＹＭＣＡ同盟、一九八三―四年
福岡ＹＭＣＡ史編集委員会（編）『福岡におけるＹＭＣＡ百年の歩み』同ＹＭＣＡ、二〇一〇年
福岡ＹＷＣＡ四〇年史編集委員会（編）『玄海に虹かけて―福岡ＹＷＣＡ四〇年史』福岡ＹＷＣＡ、一九八七年
福岡ＹＷＣＡ五〇周年記念誌編集委員会（編）『玄海に虹かけてⅡ・福岡ＹＷＣＡ五〇周年記念誌』福岡ＹＷＣＡ、一九九八年
五〇年誌実行委員会（編）『福岡基督教信徒会五〇年誌』同会、二〇〇〇年
『四〇周年記念誌』日本国際ギデオン協会福岡支部、一九九二年

日本キリスト教史

比屋根安定『日本基督教史』教文館、一九四九年
海老沢有道・大内三郎『日本キリスト教史』日本基督教団出版局、一九七〇年
五野井隆史『日本キリスト教史』吉川弘文館、一九九〇年
小沢三郎『日本プロテスタント史研究』東海大学出版会、一九六四年
土肥昭夫『日本プロテスタントキリスト教史』新教出版社、一九八〇年
同志社大学人文科学研究所（編）『日本プロテスタント諸教派史の研究』教文館、一九七九年
同志社大学人文科学研究所（編）『戦時下抵抗の研究』Ⅰ・Ⅱ、みすず書房、一九七九年
同志社大学人文科学研究所・キリスト教社会問題研究会（編）『特高資料による戦時下のキリスト教運動』1・2・3、新教出版社、一九八一年
Otis Cary, A History of Christianity in Japan, Tuttle, 1983.

事典その他

日本キリスト教歴史大事典編集委員会（編）『日本キリスト教歴史大事典』教文館、一九八八年
西日本新聞社福岡県百科事典刊行本部（編）『福岡県百科事典』西日本新聞社、一九八二年
『基督教年鑑』（昭和一六年度版）、日本図書センター（復刻）、一九九五年
福岡市総務局（編）『福岡の歴史』福岡市、一九七九年
拙著『明治期長崎のキリスト教』長崎新聞社、二〇〇五年
拙稿「明治期九州におけるプロタンティズムの伝播と受容」九州大学文学部、一九九七年
拙稿「福岡キリスト教略史」『活水論文集』第四三集、二〇〇〇年
拙稿「九州におけるキリスト教の伝播」『活水論文集』第四九集、二〇〇六年

■福岡キリスト教年表

キリスト教伝来からキリシタン時代

天文18（1549）年　8月15日、イエズス会のフランシスコ・ザビエル神父、鹿児島に上陸。

天文19（1550）年　10月末、ザビエル神父、平戸から都へ行く途中博多に上陸。聖福寺で僧侶たちに激烈な懲戒を加える。博多の名を書簡によってヨーロッパに紹介。

天文20（1551）年　11月20日、ザビエル神父、豊後より離日しインドへ向かう。

天文21（1552）年　6月、豊後の一万田馬助は高橋の地に来て高橋三河守護鑑種と名乗る。筑後今村には彼の家中の誰かによってキリスト教の種が蒔かれたと推測される。

弘治2（1556）年　B・ガーゴ神父、平戸から博多に通って布教する。

弘治3（1557）年　ザビエルの後継者トルレス布教長が筑前守護大友義鎮から博多に教会用地を与えられ、ガーゴ神父が最初の教会堂を建てる。

永禄1（1558）年　ガーゴ神父、フェルナンデス、ギリェルメ両修道士、博多で本格的な布教を開始。

永禄2（1559）年　4月2日、筑紫惟門が博多を襲撃し教会も破壊。ガーゴ神父等は豊後へ逃れる。大友義鎮、7月30日豊前・豊後の守護に。12月7日九州探題に任命される。

永禄4（1561）年　アルメイダ修道士、博多を訪問。博多の教会堂再建（平戸の信徒ゴメスの自費）。

永禄5（1562）年　日本人修道士ダミヤンが博多で布教。アルメイダ、フェルナンデス両修道永禄14（1571）年　士、姪浜と博多で布教。

天正1（1573）年　布教長F・カブラール神父とアルメイダ修道士、博多に来る。

天正2（1574）年　織田信長、室町幕府を滅ぼす。

　カブラール神父とフェルナンデス修道士、博多で布教。アルメイダ修道士、秋月の殿秋月種実を二度訪問、館内で布教。

天正4（1576）年　フィゲイレド神父が博多に常駐し本格的な宣教を再開。

天正6（1578）年　大友宗麟、臼杵の教会でカブラール神父より受洗（霊名フランシスコ）。

天正7（1579）年　モーラ神父がもう一人の神父と1581年まで宣教を続ける。信者は2千人に。

天正9（1581）年　肥前の龍造寺隆信と大友の争いで、博多の教会堂は再度破壊され信者は離散。博多は巡回伝道の対象となる。

天正10（1582）年　本能寺の変。豊臣秀吉、信長の遺業を継ぐ。

天正13（1585）年　黒田孝高（如水）、高山右近の感化で受洗（霊名シメアン）。

天正15（1587）年　6月29日、大友宗麟逝去。豊臣秀吉、九州征伐後の7月24日、筥崎の仮営所で伴天連（宣教師）追放令を出す。毛利秀包、復活祭に中津で受洗、久留米城に入る。妻は大友宗麟の娘。

天正17（1589）年　毛利元就の三男小早川隆景、筑前名島城を完成させ城主となる。

文禄1（1692）年　秀吉、朝鮮遠征。筑前では小早川秀秋が隆景の後を継ぐ。

慶長5（1600）年　ダミヤン黒田長政は筑前一国を、ミゲル黒田惣右衛門直之は秋月領を拝受。久留米城主小早川秀包は関ヶ原の戦いに敗れたため領地を没収される。久留米城を接収した豊後の黒田図書（如水の弟）はキリシタンに好意を示す。

慶長6（1601）年　1月15日、黒田如水（1585年受洗）・長政父子、筑前名島城に入る。ラモン神父（?-）、佐賀や筑後（秋月）を巡回して名島城を訪れ、3日間の滞在中に300人の告解を聞き、170人に洗礼を授ける。キリシタンに理解のあった田中吉政が筑後の領主になる。田中村を今村と改める。

慶長7（1602）年　黒田長政、福岡城築城。教会の地所を提供し、条件つきの布教を許可。筑前のキリシタン人口は約2千人で、武士と平民がほぼ半々。ラモン神父、一時秋月の黒田惣右衛門直之（如水の弟）のもとに身を寄せる。秋月にもこの頃教会建設。信者たちの寄進で宿泊や教育の施設も整えられる。

慶長8（1603）年　ラモン神父、永原ニコラオ修道士、ほか4名の修道士が博多の教会で働く。博多の法華宗妙典寺で日忠上人とイルマン旧沢安都（石田アントニオ）が宗論（「石城問答」）を行う。

慶長9（1604）年　シメアン黒田如水、4月23日伏見の黒田邸で帰天。遺言によって遺体は博多へ運ばれ、ラモス神父とマトス神父の司式で葬儀が行われた。現在の千代町あたりに埋葬される。

慶長11（1606）年　如水の遺言により新しい教会が建築され、4月28日献堂式、翌日如水の三回忌ミサが行われる。

慶長13（1608）年　天正少年使節の1人、イエズス会の中浦ジュリアン神父が、神学生のとき1604-6年奉仕したことのある博多の教会に助任司祭として赴任し、迫害のため同教会が解かれるまで留まる。彼は、長崎に行った後もほとんど九州一円を巡って潜伏活動を続け、1633年10月20日長崎で殉教。記録された報告から慶長年間に筑前には約7千人の信者がいたと推定される。

慶長14（1609）年　秋月城主黒田惣右衛門直之帰天。

慶長16（1611）年　黒田惣右衛門の長男パウロ長門守が討たれ、秋月領は黒田長政に没収される。

慶長17（1612）年　徳川幕府「切支丹禁教令」を発布。

慶長18（1613）年　徳川家康、キリスト教を厳禁。黒田長政、5月博多の教会を取り壊す（長崎へ移築?）。筑後で田中氏に代わった有馬氏、踏み絵によって信者を割り出し宗門改めを行う。

慶長19（1614）年　2月、幕府からキリスト教全面禁止令。高山右近らキリシタン148名をマニラ、マカオに追放。博多でも知福寺（聖福寺）で最初の宗門改めが行われ、トマス渡辺庄左衛門などの殉教者も出る。

元和3（1617）年　3月19日、ジョアン明石次郎兵衛、妻カタリナと一緒に博多で殉教。

寛永14（1637）年　島原・天草の乱（～38年）キリシタンの平田右京、左京、勘解由の3兄弟が島原から落ちて今村に来る。

寛永16（1639）年　江戸幕府、切支丹禁令を強化。ポルトガル人を追放。

寛永18（1641）年　平戸のオランダ人を長崎出島に移る。鎖国の完成。

キリスト教復活から第二次大戦終戦

弘化2（1846）年　5月1日、迫害後最初のカトリック日本代牧区（全国）設立。パリ外国宣教会Th・A・フォルカド神父が初代教区長。

元治2・慶応元（1865）年　3月17日、パリ外国宣教会のプチジャン神父、大浦天主堂で浦上の潜伏キリシタンと出会う（信徒発見）。

慶応2（1866）年　B・Th・プチジャン神父、香港で司教に叙階され、第三代日本代牧区長区長となる。

慶応3（1867）年　長崎浦上の信徒3人、筑後今村で潜伏キリシタン再発見。約200戸の信者。この年から数年間数階にわたって多数の信者が役人に捕らえられ投獄される。

明治6（1873）年　明治政府、キリスト教禁制の制札を撤廃。信教の自由が認められる。

明治12（1879）年　熊本バンド出身の不破唯次郎、新島襄の勧めにより来福。プロテスタント最初の福岡伝道を開始。のちに、日本組合教会福岡教会（現日基教団福岡警固教会）に発展。パリ外国宣教会のJ・M・コール神父が長崎から今村に来て1年ほど滞在。その間773名受洗。

明治13（1880）年　M・ソーレ神父今村に来る。翌年教会建設。1年間で965名に受洗。

明治17（1884）年　メソジスト教会のC・S・ロングおよび谷川素雅が来福、福岡美以教会（現日基教団福岡中部教会）設立。

明治18（1885）年　聖公会のA・B・ハッチンソン、福岡伝道を開始。のちにアルパ教会（現日本聖公会福岡教会および日基教団福岡城東橋教会）設立。活水女学校のJ・M・ギール来福、福岡英和女学校（現福岡女学院）創立。

明治20（1887）年　パリ外国宣教会エミール・ラゲ神父、博多の町で約270年ぶりに宣教を再開。大名町教会の設立。唐津・伊万里まで足を伸ばす。

明治22（1889）年　有安秀之助神父（平戸出身）、小倉教会設立。久留米教会設立。

明治23（1890）年　組合・メソジスト・聖公会の3教会信徒による初の大親睦会を箱崎浜にて開催。

明治24（1891）年　日本カトリック教会は4つの教区に分けられ、全九州が長崎教区になる。

明治26（1893）年　久留米より逸見尚憲が来福、日本基督教会福岡講義所（現日基教団福岡渡辺通教会および日本基督教会福岡城南教会）開設。

明治29（1896）年　E・ベレール神父、パリの信者たちの援助で大名町に赤レンガの教会を建てる。

明治33（1900）年　福岡基督青年会発足、メソジスト教会牧師小坂啓之助を会長の選出。

明治34（1901）年　J・W・マッコーラム福岡浸礼教会（現福岡バプテスト教会）設立。

明治38（1905）年　山内量平来福、日本福音ルーテル博多教会設立。

大正2（1913）年　福岡基督教青年会（現福岡YMCA）、九州帝大教授荒川文六を会長に日本YMCA同盟に加盟。

大正3（1914）年　救世軍福岡小隊活動を開始。

大正4（1915）年　日本聖公会福岡神学校創立（1934年に閉鎖）。

大正5（1916）年　C・K・ドージャー、西南学院中等部（現西南中・高校）創設。

大正10（1921）年　A・ピータルス、福岡新生館を設立し、文書伝道に従事（戦後この事業はB・C・モーアの西日本新生館に引き継がれる）。西南学院高等学部（現西南学院大学）新設。

大正11（1922）年　J・H・ロウ、小倉に西南女学院を創設。

昭和2（1927）年　朝鮮耶蘇教福岡教会（現在日大韓基督教会福岡教会）設立。カトリック福岡教区（福岡、佐賀、熊本、宮崎、大分）設立。パリ外国宣教会のF・J・チリー司教が初代教区長。

昭和6（1931）年　無教会派福岡聖書研究会（現福岡聖書集会）発足。福岡ナザレン教会設立。

昭和7（1932）年　賀川豊彦による「神の国運動」特別大講演会、市公会堂にて開催。A・ブルトン司教、福岡公教神学校設立、初代校長にF・ボア師就任。

昭和8（1933）年　サンモール修道会（現幼きイエス会）福岡女子商業学校（現雙葉学園）を創立。

昭和9（1934）年　カトリック福岡司教区小神学校「カトリック学院」を母体に平尾学院創設。昭和21（1946）年泰星中学（現上智福岡中学高等学校・イエズス会経営）と改称。

昭和10（1935）年　カトリック宮崎知牧区設立にともない、福岡司教区は、福岡、佐賀、熊本三県に。増田孝、折尾高等簿記学校（現折尾女子学園）創設。

昭和12（1937）年　大牟田に聖スルピス会福岡哲学科神学校設立。

昭和16（1941）年　深堀仙右衛門神父、カトリック福岡教区長となる。宗教団体法に基づく日本カトリック教会は、「日本天主公教団」として認可される。同じくプロテスタント諸教会により日本基督教団成立。福岡のプロテスタント諸教会は同教団九州教区福岡市分教区所属となる。

昭和20（1945）年　第二次大戦終結。

あとがき

本書は、キリシタン時代から今日にいたるまでの、福岡市域を舞台に展開されてきた、キリスト教の歴史のあらましを述べたものである。のっけから私事にわたり恐縮であるが、本書を執筆するにいたった個人的経緯を述べておきたい。

私は若いころより、福岡におけるキリスト教史に関心をいだいてきた。そして、私のこの関心に応えてくれる、どなたかの労作が公刊される日を、長年にわたり待ち望んでいたのである。

ところが、一九九九（平成十一）年、博多大丸で開催された「福岡聖書展」の折りに、配布されるパンフレット用に「福岡キリスト教年表」の作成を依頼されるということがあった。そこで、主としてカトリック関係の項目は、当時、サン・スルピス大神学院教授の高見三明師（現・カトリック長崎大司教）が、プロテスタント関係の項目は私がそれぞれ担当し、時系列的に調整して年表を作成した（本書巻末の「福岡キリスト教年表」参照）。いってみれば、この年表作成が契機となり、私はこの福岡キリスト教史と直接的にかかわりを持つようになったというわけである。

さらに、私は年表作成のために得られた史料を参考にして文章化を試み、九州大学退官後に勤務していた活水女子大学の「紀要」に、「福岡キリスト教略史（覚え書）」と題する拙稿を掲載した。突然の年表作成の依頼ゆえ、短期間の史料収集を余儀なくされたという事情もあり、それをもとにした「略史」であれば、文字通り「覚え書」程度の簡略な概述でしかなかったのは当然である。

その後、いくらかでもまとまった福岡キリスト教史を著すことができたら、との願いを心の片隅にもってはいた。しかし、勤務の都合、あるいはその時々の関心や必要性から、ほかの異なった課題にかかわることが多く、ただ若干の史料の収集を試みる程度にすぎなかった。こうした雑事からどうにか解放された二、三年前頃から、私自身年齢的にも健康的にもそろそろ限界と思われたこともあり、一応私の「喜寿」記念を目標にして、本書の執筆にとりかかり、昨秋、どうにか書き終えたというところである。

もちろん、私は福岡市史の研究者でも、またキリスト教史家でもない。宗教社会学という学問分野を専攻してきたものである。ただ、このテーマに対して個人的に長い間関心をいだき、いくらかの史料を収集してきた。さらに、このテーマをとりあげた類書がいまだ公刊されていない事情もあり、浅学非才の身をかえりみることなく、あえて本書の上梓を思い立ったというわけである。いわゆる史学研究者ではないゆえに、史学上の基本的方法論を欠き、書くべくして書かなかった重要項目も多分にあるだろう。さらには、大きな誤解や記憶違いもあるかもしれない。大分のご寛恕を願うものである。

今、本書の筆を擱くにあたり、ひとつの願いを述べておきたい。それは近い将来、この分野の若き研究者が出でて、もっと詳細精緻な福岡キリスト教史が公にされることである。本書がそのための「踏み石」となりうるとすれば幸いである。

私は本書を『福岡とキリスト教』と題した。それは、九州の中核都市としての福岡市の発展拡大に対応するかたちで、この地におけるキリスト教もまた、九州における中核的地位を保ちつつ、伸張展開してきているという事実を強調したいがためである。そこであえて「福岡のキリスト教」でなく、「福岡とキリスト教」を選択したわけである。

なお、本書では歴史書の通例にしたがい、すべての人名の敬称を省略した。牧師、神父、宣教師、信徒その他の方々の別なく敬称を略したのは、ただその通例にしたがい、かつ煩雑さを避けるためである。非礼を改めてお詫び申し上げるものである。

本書の執筆に際しては、多くの方々のご協力とご援助をいただいた。教会、学校、団体関係の方々に厚く感謝を申し上げなければならない。これらの方々の御協力とお励ましなしには、本書の完成はなかったといってもいいだろう。また、本書の刊行にあたっては、海鳥社の方々、とりわけ柏村美央さんにお世話になった。とくに記して御礼申し上げたい。
　最後に、本書の読者諸賢が本書を通して、幾分でもキリスト教を身近なものとして関心をお持ちいただけるとすれば、私の望外の喜びであることを付言しておきたい。

二〇一二年二月

太宰府にて　著者識す

坂井信生（さかい・のぶお）
昭和10（1935）年，下関市生まれ。九州大学大学院博士課程満期退学。文学博士。九州大学名誉教授。宗教学・宗教社会学専攻。
著書に『アーミシュ研究』（教文館），『聖なる共同体の人びと』（九州大学出版会），『明治期長崎のキリスト教 ― カトリック復活とプロテスタント伝道』（長崎新聞社）などがある。

福岡とキリスト教

■

2012年4月2日　第1刷発行

■

著者　　坂井　信生
発行者　西　俊明
発行所　有限会社海鳥社
〒810-0072 福岡市中央区長浜3丁目1番16号
電話092(771)0132　FAX092(771)2546
http://www.kaichosha-f.co.jp
印刷・製本　大村印刷株式会社
ISBN978-4-87415-846-3
［定価は表紙カバーに表示］